I

L'ANGE PROTECTEUR

DE LA FRANCE

AU TOMBEAU

DE LOUIS XVIII.

Conformément aux lois de la Librairie et au droit de propriété des auteurs, pour jouir dudit droit, il a été déposé cinq Exemplaires à la Direction générale de l'Imprimerie et de la Librairie; en conséquence, tout contrefacteur sera puni.

Les Exemplaires qui ne seront point signés par moi, doivent être regardés comme contrefaits, et dans le cas de la confiscation.

IMPRIMERIE DE DONDEY-DUPRÉ,
Rue Saint-Louis, N° 46, au Marais.

L'ANGE PROTECTEUR

DE LA FRANCE

AU TOMBEAU

DE LOUIS-XVIII,

PAR Mlle M. A. LE NORMAND,

AUTEUR DE LA SYBILLE AU TOMBEAU DE LOUIS XVI, ETC., ETC., ETC.

« J'ai beaucoup souffert, mais j'ai vu souffrir
» davantage: que d'infortunés j'ai vus mourir,
» et moi, j'ai pu leur survivre! »

PAROLES DE LOUIS XVIII.

A PARIS,

CHEZ L'AUTEUR, RUE DE TOURNON, N° 5,

FAUBOURG SAINT-GERMAIN,

ET MM. LES PRINCIPAUX LIBRAIRES DE LA CAPITALE.

Octobre 1824.

On trouve chez le même auteur, rue de Tournon , n° 5 ,
faubourg Saint-Germain , à Paris :

Souvenirs prophétiques d'une Sybille (Les), in-8°, avec gravures,
Paris, 1814.. 7 fr. 50 c.
Anniversaire de l'Impératrice Joséphine (L'), brochure in-8°, 29
mai, Paris, 1815.. 1 fr. 25 c.
Sybille au tombeau de Louis XVI (La), brochure in-8°, Paris,
1816.. 2 fr.
Oracles Sybillains (Les), in-8°, 4 gravures, Paris, 1817. 7 fr. 50 c.
Congrès d'Aix-la-Chapelle, etc. (Le), in-8°, 7 grav., Paris,
1819... .... 6 fr.
*Mémoires historiques et secrets de Marie-Rose-Joséphine Tasher de
la Pagerie*, première épouse de Napoléon Bonaparte, 2 vol. in-8°,
4 gravures, portrait, *fac simile*, Paris, 1820. Une seconde édition
de cet intéressant ouvrage sera mise sous presse pour paraître très-
incessamment. On y ajoutera un troisième volume supplémentaire.
Notes précieuses, grav., etc., etc... 24 fr.
Souvenirs de la Belgique, ou le Procès mémorable, in-8°, portrait,
Paris, 1822.. 6 fr.

Pour 1825 1826 et 1827, Mlle Le Normand mettra au jour,
par souscription :

Vie privée et politique (La) du prince Eugène de Beauharnais,
3 vol. in-8°, 5 gravures, portrait, *fac simile*, etc......... 24 fr.
Souvenirs (Mes) de 30 ans, ou Galerie politique, historique, portraits, révélations, faits inédits, prédictions savantes, notices sur
les auteurs et les acteurs de la révolution française ; éclaircissemens
sur le danger des réputations trop célèbres. *Il faut rendre à César
ce qui appartient à César*, etc., 12 vol. in-8°, 33 gravures, portraits, *fac simile*.. 96 fr.
Wilhelmine de Prusse, ou les Infortunes d'un grande Reine, 2 vol.
in-8°, 4 gravures, portraits.. 16 fr.
Le Fond du sac, ou la Vérité sur Napoléon , ses ministres, sa cour,
Revue générale, etc. , etc.; 6 vol. in-8°, 12 gravures...... 48 fr.
La Tour du Temple, le Château de Vincennes, manuscrit trouvé à
la Malmaison, en 1815, 4 vol. in-8°, gravures........... 32 fr.
Maximilien, ou l'Enfant du crime, 3 vol. in-8°, 5 gravures.. 24 fr.
L'Église de Ruel, ou les Confessions d'un ministre, 4 vol in-8°,
portrait, *fac simile*.. 24 fr.

Les personnes qui souscriraient dès à présent aux nouveaux ouvrages
de Mlle Le Normand , auraient les épreuves du plus beau choix ; de
même , celles qui compléteront la collection de ses œuvres (9 vol.
in-8° en vente) 35 vol. in-8° (1825, 1826, 1827.) recevraient
gratuitement *un livre inédit*, traité fameux, sur les Songes célèbres
des anciens et des modernes : avec l'explication raisonnée et détaillée
de 7,000 Rêves au moins. *On ne vendra point ce volume*, il doit
paraître fin de mai prochain. Le nombre d'exemplaires ne surpassera
point celui de MM. les souscripteurs aux 44 volumes ; c'est un hommage offert par l'auteur à ses nombreux lecteurs. MM. les étrangers
pourront correspondre directement (ou par la voie de MM. les libraires) avec Mlle Le Normand , rue de Tournon , n° 5 ; elle se fera
un vrai plaisir de répondre à toutes demandes. On aura soin affranchir
les lettres.

L'ANGE PROTECTEUR

DE LA FRANCE

AU TOMBEAU

DE LOUIS XVIII.

FRANÇAIS,

Je suis dégagé de ce globe terrestre, où l'ambition enchaîne tous les mortels pour les tourmenter. Je suis délivré des prestiges et de l'enchantement du monde: mon essence céleste me rend supérieur aux séductions du pouvoir! Je laisse l'or aux mains viles qui le réclament, aux pieds des idoles du Tems; je ne veux que puiser dans ces sources opulentes que le ciel me découvre! Depuis des siècles j'ai quitté le séjour de la terre, mais je suis demeuré son génie protecteur!

J'ai des droits illimités à votre amour et à votre confiance, ô Français! ne me laissant point abuser ni par les déclamations intéressées des écrivains mer-

cenaires, ni par les odieuses calomnies répandues
avec une persévérance éternelle contre vos meilleures
intentions!

Vous le savez, je joins à de hautes connaissances
un penchant éclairé pour la véritable liberté, et les
sentimens généreux qui caractérisent un ange devenu
votre juge et votre contemporain (1)!

Si le ciel a fait gronder ses foudres, et répandu
l'aveuglement et la terreur un instant parmi vous, en
revanche, votre belle conduite et votre attachement
pour vos souverains devrait désarmer l'envie la plus
acharnée. On vous a toujours vus fidèles à la cause de
votre patrie ; votre modération, votre sagesse, ne pou-
raient trouver d'opposition que parmi ces cosmopo-
lites qui mettent leur conscience aux gages des *heureux du siècle*, et qui sacrifieraient volontiers leur
pays, pour obtenir une faveur ou conserver une place
importante.

L'honneur fut toujours sacré pour vous, ô Fran-

---

(1) Ne déprisez point les prophéties, éprouvez toutes choses, tenez
ce qui est bon.

Ep. *aux Thessaloniciens*, 5. c.

çais ! si de lâches imposteurs ont calomnié votre armée, si les phalanges de l'Europe ont conquis vos villes et dévasté vos campagnes ; si Lutèce touchait au moment de la plus terrible catastrophe, peu s'en est fallu aussi, que ces mêmes vainqueurs ne pleurassent amèrement sur les débris de l'antique Germanie : que dis-je? sur le vaste et redoutable empire de l'Orient!

La France a reconquis son roi! avec lui disparurent les fatales espérances que nourrissaient la discorde et la vengeance! L'univers fut supris de ce grand miracle! Louis montra de la grandeur, une profonde sagesse dans ses conseils, une noble et touchante modération! Que d'actions éclatantes, cachées par les Séjans du siècle, et recueillies par moi!!!

Aussi le motif de mon apparition au tombeau de Louis XVIII est de venir y révéler de secrètes et d'importantes vérités! Le moment de l'observation approche ; un monarque désiré vient de rentrer dans le néant dont il sort! Le trépas de ce prince est un coup frappé d'en-haut, pour donner aux maîtres du monde une grande et forte leçon! *Qui êtes-vous pour craindre un homme mortel? Il est aujourd'hui, et demain il ne paraît plus ! (1)*

Loin de vous, Français, les lamentations de nouveaux *Jérémies*..... Le roi de France est mort. Vive le roi Charles X !

L'ange de la paix.
JORAEL.

------

(1) Is. 1. J. 12.

L'ANGE PROTECTEUR

DE LA FRANCE

AU TOMBEAU

DE LOUIS XVIII.

<hr>

« Quand jusqu'à ce jour vous auriez toujours
» vécu dans les honneurs et dans les plaisirs,
» à quoi vous serviraient toutes ces vaines
» illusions, s'il vous fallait mourir dans ce
» moment ? Tout est donc vanité. »

Ecclés. J. 8.

Quoi ! déjà tu n'existes plus, illustre Louis ? toi dont le génie avait reçu la puissance d'immortaliser ton siècle ! as-tu péri tout entier ? non, tu vis à jamais. Je te salue ame sublime ! je salue ton passage vers les régions célestes ! ô Louis, qu'étais-tu sur la terre ? Qu'importe maintenant au monde, à l'ordre de l'univers, que tu aies existé ? ce souffle débile qui t'animait, qu'a-t-il fallu pour l'éteindre ?.... un seul instant ! Le roi de France n'est plus ! et rentre dans le néant dont il sort ;... ses vertus seules lui survivent, sans ce cortége immortel, qui éleverait la voix en faveur du monarque ? ses flatteurs ? à la vérité, la Cour est le vaste théâtre de l'intrigue ; des amis ? les grands en ont si peu!.... Le nouveau Charles V, que son peuple regrette, a souffert avec résignation de longues infortunes! Son histoire glorieuse se partage en deux parties égales : la révolution française en est, pour ainsi dire, le premier volume, et l'éternité qui commence pour lui permet de dérouler le dernier volume de ses grandes destinées!

Je vais donc crayonner cet important tableau. Loin d'ici toutes les ressources de l'imagination ; je n'ai pas besoin de ces vains prestiges de l'art pour émouvoir les cœurs. Les générations des rois de France sont venues, par torrens, se précipiter dans les tombes de Saint-Denis : l'ombre du grand Henri vient saluer ici l'aîné de ses enfans.

Ce n'est qu'avec un religieux attendrissement et une profonde vénération que j'aime à venir contempler les restes des grands hommes épars de siècle en siècle, et dont la Providence semble n'être si avare que pour ajouter un nouveau prix aux vertus dont ils se sont montrés les plus illustres modèles.

A ce titre, Louis XVIII est l'un des rois dont la France ait le plus à se glorifier! Il ennoblit le trône de toute la sublimité de son génie, et ne perdit rien dans son exil de ses vertus royales.

Un nouveau fleuron manquait à la couronne de l'auguste frère de Louis XVI. Il appartient au Bossuet du siècle de l'y rattacher, et ce devoir glorieux vient d'être rempli dignement par monseigneur l'évêque d'Hermopolis. . . . .

. . . .
. . . .

La nuit était sombre et nébuleuse, le 17 novembre 1755 (1) ; un vent froid et violent sifflait à travers les chênes dépouillés de leurs feuilles ; les chutes d'eau murmuraient au pied des rameaux stériles et privés de leur dernier ornement. Le cri de l'oiseau de la nuit portait l'épouvante dans le château de Versailles ; Louis XV y sommeillait *profondément!*

Déjà le cœur de ce monarque était agité des plus violentes secousses ; son courage chancelait, et était toujours en proie aux ardeurs d'une tendresse insensée ! Son ame était faible, et avait peine à reprendre son sublime essor..... ses ministres gouvernaient ! ! !

Bientôt les portes du palais des rois s'entr'ouvrent à grand bruit, et présentent aux yeux de Louis, madame la Dauphine..... Cette princesse élevait en silence vers le ciel ses yeux et son cœur, dans lesquels respiraient l'amour de la religion, et la tristesse de son ame !

La Dauphine demeure quelques minutes dans cette

____

(1) En 1755, la paix fut troublée sur le continent, et de nouveaux malheurs furent annoncés par des tremblemens de terre. Un grand tiers de Lisbonne fut renversé ; il y périt plus de 30,000 hommes. La ville de Sétuval fut presque détruite : la mer, s'élevant au-dessus de la chaussée de Cadix, engloutit tout ce qui se trouva sur le chemin : la terre s'ouvrit près de Maroc, et ensevelit une peuplade d'Arabes. Les villes de Fez et de Miquênes furent encore plus maltraitées que Lisbonne, et l'esprit d'invasion arma encore toute l'Europe.

cruelle situation. Cependant les nuages de la douleur commençaient à s'éclaircir, et la sérénité revint se replacer dans ses traits; on eût dit qu'elle s'élançait déjà vers les portiques sacrés d'une vie immortelle!!! La princesse se résigne à ses dernières souffrances! elle jette un regard d'amour sur son fils; elle le presse quelques instans sur son cœur, le présente *au bien-aimé!* et semble adresser ces mots au père de son époux :

« Les preuves de la tendresse que vous répandez
» sur la favorite, épuisent vos finances et affligent
» vos peuples! Il leur serait plus doux de vous voir
» attacher un grand prix à votre gloire et à l'hon-
» neur de votre règne! Mais, pardonnez, *Sire*, si, ne
» pouvant dérober les actes du pouvoir à une juste
» censure, je viens appeler votre protection, je viens
» armer votre puissance contre vos ministres!!! Ah!
» puissent-ils ne parvenir jamais à éclipser les rayons
» de cette gloire, qui doit rejaillir sur mes augustes
» enfans ! » La Dauphine dit, et embrasse avec un redoublement d'amour maternel, Louis-Stanislas-Xavier (1) l'un des fils de la France. »

Les premières impressions que reçoivent les esprits faibles, et sur lesquelles la raison n'exerce point d'empire, sont si profondes et si durables, que le Roi, disposé naturellement à se créer mille chimères,

---

(1) Louis-Stanislas-Xavier, Monsieur , né à Versailles le 17 novembre 1755. On l'appela comte de Provence, tant que vécut le Dauphin, fils de Louis XV.

réfléchit quelques minutes, et, fixant son petit-fils, il dit en soupirant à la Dauphine : Madame, *Louis de Bourbon* sera bientôt délivré de tous les maux de ce bas monde ; il lègue à son successeur le devoir de réparer les erreurs de son règne.

Depuis long-tems ce prince n'attachait plus son attention sur les événemens publics. (1) Il n'en était point ainsi du Dauphin : ces matières lui paraissaient trop importantes. Au nom de la *France*, l'héritier de la couronne se réveille comme d'un long et profond assoupissement ; on le voit agité de mille craintes et de mille inquiétudes. Le héros de *Fontenoy*, malgré

---

(1) Le 5 janvier 1757, un fanatique, nommé Robert-François Damiens, blessa Louis XV d'un coup de couteau entre deux côtes, dans la cour de Versailles ; heureusement la blessure n'était pas mortelle. Cette même année 1757, madame de Pompadour fit venir devant Louis XV un astrologue fameux, qui, après avoir calculé son thème de naissance, lui dit : Sire, votre règne est célèbre par de grands événemens, celui qui le suivra, le sera par de grands désastres. Le sceptre chancèlera entre les mains de son successeur, mais il sera sauvé par un prince, qui lui remettra la couronne sur la tête, et le vengera des outrages de ses ennemis. Ce prince s'appellera Charles.

Le roi voulut que le premier prince qui naîtrait, fût nommé Charles, uniquement à cause de la prophétie. Quelques mois après, Madame la Dauphine accouche, et le nom de Charles fut donné le premier au nouveau-né (comte d'Artois), aujourd'hui Charles X, roi de France.

Cette anecdote est tiré mot à mot, des Affiches de Tours, vingt-cinquième année, n° 14, du jeudi 5 avril 1792.

Ce qui devient important et même frappant, c'est que Monsieur est le premier de nos princes que la providence nous ait rendu, et l'enthousiasme était si grand, l'ivresse si générale, le jour de sa première entrée à Paris, que l'on peut dire avec vérité que Charles X a préparé les voies du Seigneur, en soutenant la couronne sur la tête

son respect pour son père, laisse assez souvent percer son éloignement pour ses principes d'administration; il s'exprimait sur le sort de la *monarchie* avec un ton si pathétique, qu'il semblait réaliser toutes ses craintes devant ses auditeurs; mais lui-même en était affecté profondément !

La passion favorite des grands est d'aimer à être trompés, et d'écouter avec plaisir l'adulation et le mensonge dont on entoure sans cesse leur amour-propre. Il n'en fut point ainsi du nouveau *Germanicus;* il aimait la vérité, il la recherchait; il s'était livré avec enthousiasme à la noble profession des armes ; il avait l'ambition d'un homme de guerre, et toutes les vertus d'un saint (1).

Fleverunt eum omnis populus Israël, planctu magno, et lugebant dies multos, et dixerunt : Quomodò cecidit potens, qui salvum faciebat populum Israël (2)?

La Dauphine se trouva doublement malheureuse par sa perte ; son ame était abattue sous le poids d'un noir chagrin ; non-seulement elle ne pouvait adoucir ses vives douleurs, mais elles semblaient encore s'augmenter de jour en jour, quand elle jetait un regard sur l'avenir de ses enfans.

---

de son frère. Le règne du nouveau roi commence sous les plus favorables auspices ; il élèvera la France à un point de grandeur fondée sur son amour pour la justice. Elle sera redoutable et respectée de ses voisins! Charles saurait la venger des outrages, si des ennemis la menaçaient.

(1) Le 20 décembre 1765, monseigneur le Dauphin mourut âgé de 36 ans. Il avait épousé, en 1747, en secondes noces, Marie-Josèphe de Saxe, dont il laissa trois princes et deux princesses.

(2) Tout le peuple le pleura amèrement ; et, après l'avoir pleuré

Hélas ! elle était loin alors de prévoir les malheurs qui les accableraient. Les illusions de la grandeur, la perspective de la couronne pour le duc de Berry, auraient pu éblouir cette tendre mère ; mais la mort d'un époux qu'elle adorait avait produit une impression si profonde sur son cœur, que le tems même n'avait pu la détruire. Quelle main pouvait semer désormais des fleurs sur la fin de sa carrière, qui s'approchait, et éloigner les pénibles affections dont elle était sans cesse agitée, surtout en songeant quel serait le sort de la France à la mort de Louis XV.

Je ne vous affligerai pas davantage, ô mânes de *Louis !* par le récit de la scène terrible que présentèrent les derniers momens de votre illustre aïeul (1). Quoique ce monarque ait fermé tranquillement les yeux, en se recommandant à la protection du ciel, il n'en laisse pas moins son royaume sur le bord d'un abîme ! La désolation de son successeur est difficile à exprimer, et l'on n'y peut réfléchir un moment, sans être prêt à succomber sous le poids d'une image aussi douloureuse.

L'avénement de Louis XVI au trône (2) causa

---

pendant plusieurs jours, ils s'écrièrent : Comment est mort cet homme puissant qui sauvait le peuple d'Israël ?

(1) Louis XV était naturellement timide , et même superstitieux ; il parlait souvent de la mort, mais il la craignait cependant beaucoup. Jamais prince, peut-être, ne fut plus aimé ; les mauvais conseillers , sous son règne, mirent la France à deux doigts de sa perte.

(2) Louis XV , dit le Bien-Aimé, mourut à Versailles , en 1774. Ce jour, qui répandit le deuil sur la France, fut le témoin d'un orage affreux.

dans toute la France une allégresse universelle; quelle foule de courtisans se pressèrent autour du jeune monarque! (*Aucun roi n'était meilleur Français que lui.*) Les sycophantes du dernier règne, revêtus chacun de leur domino de *nuances différentes*, se succédaient et pénétrèrent jusqu'à l'œil-de-bœuf de Versailles. Louis les chassa impitoyablement; tous recueillirent alors une honte égale à leur impuissante tentative.

On remarquait surtout dans ce prince un caractère vrai et sans *feintise*, une puissance de raisonnement qui répandait de la clarté sur les principes aussi bien que sur les conséquences; le nouveau roi rappelle les parlemens exilés (1); on crut même un instant à l'influence de l'étoile du duc de Choiseul! Maurepas reparut! (Où était ce Machault, ce mentor, et peut-être un Sully?) On abolit les corvées, on supprima les tortures! tel était alors l'amour des Français pour leur souverain, que l'ascendant des vertus de *Louis*,

---

Le 16 mai 1770, Louis XVI et Marie-Antoinette, reçurent la bénédiction nuptiale à la chapelle de Versailles. A trois heures de l'après-midi, le ciel se couvrit de nuages, des torrens de pluie inondèrent Versailles; de violens coups de tonnerre retentirent, et la foule des curieux qui remplissaient le jardin, fut obligée de se retirer. La soirée fut triste dans la ville, et les illuminations ne purent produire aucun effet. Ajoutez-y le terrible accident arrivé dans la rue Royale, le jour de la fête que donna sur la place Louis XV, la ville de Paris, pour le mariage du Dauphin et de la Dauphine, qui ne serait pas tenté d'admettre l'empire de la fatalité! C'était hélas! sous des auspices bien menaçans que devait s'ouvrir le règne de ces illustres époux!

(1) Le parlement de Paris protesta dès le lendemain de son rétablissement contre l'édit par lequel il avait été rétabli.

peut-être enchaîna les esprits les plus rebelles, et que les cruels ennemis de la royauté furent forcés de lui rendre hommage, et d'applaudir à ses vues.

Mais bientôt tout va devenir horrible et silencieux dans ce palais de Versailles ! tout prendra l'empreinte de la destinée de ses tristes habitans. Au milieu de cette vaste solitude, on reconnaîtra cependant sans peine qu'il existe de ces ames supérieures qui, même au sein du péril, savent encore résister à toutes les séductions de la puissance et des caprices de la fortune.

On voit que je veux parler ici de la compagne de Louis. En posant le pied sur le sol de la France, la fille de *Marie-Thérèse* avait tressailli, et semblait douter si ce n'était pas un songe (1)! Cette princesse fut adorée comme Dauphine. « *Le bon peuple, le bon peuple !* » s'écriait-elle avec reconnaissance ! Devenue reine, elle allume l'envie ; quelqu'accablans que fussent

______

(1) Madame Campan raconte une anecdocte, que lui avait apprise le gouverneur des enfans du prince de Kaunitz. Il y avait à Vienne, à l'époque où l'idée avait été conçue d'unir la fille de Marie-Thérèse au petit-fils de Louis XV, un docteur, Gassner, qui était venu y chercher un asile contre les persécutions d'un des électeurs ecclésiastiques, son souverain. Gassner, doué d'une imagination ardente, et très-exaltée, croyait avoir des inspirations. L'impératrice le protégeait, le recevait quelquefois, plaisantait de ses visions, et l'écoutait pourtant avec une sorte d'intérêt. Dites-moi lui demanda-t-elle un jour, si mon Antoinette doit être heureuse? Gassner pâlit et garde le silence. Pressé de nouveau par l'impératrice, et cherchant alors à donner une expression générale à l'idée dont il semblait fortement occupé, *Madame*, répondit-il, *il est des croix pour toutes les épaules.*

(18)

ses premiers maux, ils ne faisaient que commencer!
c'était le nuage précurseur des plus violens orages,
c'était le commencement de cette longue chaîne de
calamités qui affligèrent son règne (1).

La naissance de Madame (2) (aujourd'hui Dauphine) remplit de joie l'ame paternelle de Louis XVI.
Celle du premier Dauphin (3) combla les vœux una-
nimes des Français; déjà on était injuste à la cour:
l'audace des ennemis de la reine commença par se
glisser dans l'ame des courtisans, et finit par égarer
les plus illustres!!! La meilleure des princesses versait
dans le sein de quelques amis le secret de tous ses
chagrins et les causes de ses vives inquiétudes! on
serait tenté de croire à la fatalité, en voyant cette
épouse dévouée, cette tendre mère, cette reine bien-
faisante et magnanime, devenir tout à coup la proie
des plus odieuses calomnies!!! C'était hélas! sous des
auspices aussi menaçans que devait naître ce *royàl
enfant du malheur, baptisé dans les larmes* (4)*!!!*

---

(1) En 1775, le royaume fut agité; plusieurs révoltes éclatèrent,
motivées sur la cherté du pain. En 1777, Joseph II vint à Versailles,
visiter sa sœur. Son métier à lui était d'être royaliste; il n'approuvait
point son beau-frère Louis XVI, qui semblait vouloir protéger les
Anglo-Américains; ils se déclarèrent indépendans en 1778.

(2) Marie-Thérèse-Charlotte de France (Madame), fille du roi
Louis XVI, née à Versailles, le 19 décembre 1778.

(3) Né à Versailles, le 22 octobre 1781. La ville de Paris donna une
fête à la reine, en l'honneur de la naissance de son premier fils, le
21 janvier 1782. (*Quel rapprochement de dates!*)

(4) Ce jeune prince, né à Versailles, le 27 mars 1784, fut nommé
Louis-Charles, duc de Normandie.

Plus d'une fois le courage et la patience furent sur le point d'abandonner l'épouse de Louis: sans blesser les règles du devoir, elle gémissait sur sa grandeur et sur la perfidie des favoris des princes!!! sa pieuse résignation, depuis l'époque qu'on ébranla un trône *qui reposait sur* une base de *quatorze siècles d'existence*, jusqu'à celle de sa chute, est suffisante pour se convaincre que déjà l'auguste victime s'identifiait en quelque sorte avec son futur sacrifice (1)!!!

La discorde en 1789 semblait avoir semé la défiance et la division entre le peuple français et la famille royale. Si la fortune avait souri quelques instans au successeur de Louis XV, c'était pour l'affliger avec plus de rigueur dans la force de l'âge.

L'éclair précurseur de la tempête avait divisé les parlemens; le refus d'enregistrer certains édits vint jeter l'épouvante dans Versailles; les modernes frondeurs auraient voulu y découvrir un *Guise*? le vertueux Louis, fut dès-lors effrayé des malheurs qui semblaient planer sur la France. Il porta tout à coup

---

(1) La reine se couchait très-tard, ou plutôt cette infortunée princesse commençait à ne plus goûter de repos. Vers la fin de mai 1789, un soir qu'elle était assise au milieu de la chambre, elle racontait plusieurs choses remarquables, qui avaient eu lieu dans le cours de la journée; quatre bougies étaient placées sur sa toilette, la première s'éteignit d'elle-même; je la rallumai, dit madame Campan; bientôt la seconde, puis la troisième, s'éteignirent aussi. Alors la reine, lui serrant la main avec un mouvement d'effroi, lui dit: Le malheur peut rendre superstitieuse. Si cette quatrième bougie s'éteint comme les autres, rien ne pourra m'empêcher de regarder ce signe comme un sinistre présage... La quatrième bougie s'éteignit!!!

ses vues assez loin pour chercher à les prévenir; il
croit pénétrer les avantages que son peuple aurait à
recueillir des anciennes assemblées politiques ; il con-
voque en conséquence les états-généraux (1).

Mais alors le navire de l'État n'était pas attaché
au rivage ; l'ancre elle-même était encore sur l'en-
clume, mais les cyclopes politiques avaient juré
d'entretenir leurs forges infernales.

Cependant tout semblait toujours tranquille dans le
conseil du roi : un ministre (2), dans un calme appa-
rent, mais avec une secrète impatience, attendait
quelle serait l'issue de tous les mouvemens, ou plutôt
de toutes les innovations que préparaient MM. les députés (3). Le vaisseau politique était incertain dans
sa marche. La Discorde vint s'asseoir au milieu des
trois ordres du royaume ; le clergé et la noblesse
*n'eurent pas le courage de supporter ce revers sans trop
murmurer!* Le tiers-État fit entendre des remontrances
énergiques. On craignit dès-lors l'influence de ces ora-
teurs pleins de force et d'une mâle éloquence ! Publi-
cistes éclairés, intrépides citoyens ! on entendait pro-
clamer partout que les Français étaient obligés de servir
également la patrie, *tant en paix qu'en guerre*, et parti-

----

(1) Les états-généraux s'ouvrirent avec beaucoup de pompe, à Versailles, le 4 mai 1789. La reine avait fait un songe affreux dans la
nuit ; elle en parut très-affectée le matin !

(2) M. Necker.

(3) MM. les Députés se déclarèrent, dans la nuit du 16 au 17 juin,
Assemblée nationale, sur la motion du député Giraud.

ciper aux mêmes dignités, en supportant les charges de l'État. On réclamait quelques sacrifices des privilégiés ! « *Le grand œuvre de la régénération va s'opérer*, s'écriait Target, du haut de la tribune ; *nous venons, au nom d'un Dieu de paix, vous inviter à l'accomplir.* » Certes, ils n'avaient garde de signer le contrat ; ils savaient trop bien le résultat que devait amener le grand œuvre ! ! ! Aussi les séances de cette assemblée étaient loin d'être des modèles de sagesse et de modération. Des circonstances fatales, des besoins urgens, des réformes présentées dans l'administration, le désir de pourvoir au bien de l'État, à la liquidation de la dette nationale, au soulagement des peuples, telle était la mission glorieuse qu'ils avaient à remplir. Un homme illustre, un homme avide de célébrité, un homme *trop négligé peut-être, et dont la vanité avait été blessé par la cour*, Mirabeau enfin, savourait déjà le plaisir de la vengeance ! Il déclara *qu'il deviendrait dangereux d'opiner par ordres !* Nouveau Marcel, il répondit à M. de Brézé, quand il se présenta de la part du roi : *Dites à ceux qui vous envoient, que nous sommes ici par la volonté du peuple, et que nous n'en sortirons que par la puissance des baïonnettes.*

Le roi prévit dès-lors qu'il serait contraint d'accorder ce qui pouvait encourager le parti auquel échappait la victoire. La double représentation fut décrétée, et l'opinion de M. Necker prévalut.

Telles étaient les circonstances dans lesquelles se trouvaient Louis et sa famille à l'époque de l'immortel serment des États-Généraux, fait au jeu de paume de Versailles (1).

Les partis ne restèrent pas long-tems spectateurs immobiles ; des mains trop imprudentes leur avaient donné une fatale impulsion (2)! On avait transformé en poison un remède salutaire, et la carrière que les novateurs ont à suivre devant eux fait qu'ils la parcourent tout entière. La fortune, il est vrai, les attendait au terme de la course avec toutes ses vicissitudes. La victoire que remportait cette Assemblée était voisine d'une entière défaite. On voulait tout détruire pour tout récréer! de grands talens, de grandes vertus, de grands coupables, menaçaient déjà de bouleverser la France! mais il existe une vérité

---

(1) Le 23 juin, la séance royale eut lieu. Les trois ordres se réunirent à l'heure indiquée pour l'ouverture de la séance. Louis XVI la commence par un discours dans lequel il se plaint de la division qui règne parmi ces ordres ; division si funeste à l'ouvrage de la restauration, et si contraire aux vœux les plus chers de son cœur. Ce discours fut suivi d'une déclaration que lut M. le Garde-des-Sceaux. Elle cassait et annullait la fameuse délibération prise par le tiers le 17 juin, et, par cette déclaration, la salle devait être fermée au public.

Le 17 juin, *jour que les anciens ont toujours regardé comme funeste*, MM. les députés du tiers se présentèrent à la salle des États ; ils la trouvèrent gardée par des Suisses. Après avoir verbalisé, les députés se retirèrent. M. Bailly, leur président, leur indiqua le jeu de paume de la rue Saint-François, comme un lieu propre à leur réunion. Ils s'y rendirent, et prêtèrent le serment de ne jamais se séparer, et de continuer leurs assemblées jusqu'à ce que la constitution du royaume fût établie. La salle des États-Généraux fut fermée le 18.

(2) La bastille est tombée en 1789, la constitution a été faite en 1790, la Belgique envahie en 1792, la royauté abolie en 1792, et la république proclamée.

qui indique que, *Monté près du faîte, on est prêt à descendre !* Cette vérité prouve que la Providence a décidé que tout excès se détruira par lui-même, et annonce que l'oppression ne doit pas être éternelle !

Ces réflexions pourront sembler sévères envers les deux premières assemblées législatives ; mais elle me semblent dessinées d'après nature. L'esprit public s'établissait au milieu des haines ; on revenait sur de folles prétentions ; on revenait vers de vieilles fautes ! Hélas ! on pouvait se contenter de celles dans lesquelles on retombait chaque jour.

Bientôt les rênes du royaume passèrent aux mains de *tribuns ambitieux, d'agitateurs du peuple !* et flottèrent au gré de leurs passions, ou de leurs ressentimens ; ils ne cessèrent de s'embarrasser dans un cercle vicieux : *anarchie, despotisme ! despotisme, anarchie !* tel fut cet orage effrayant qu'ils appelèrent sur la tête du monarque, orage qui devait lui faire craindre pour ses jours !!! On ne peut s'empêcher d'admirer la grandeur d'ame de Louis ; il ne cessait de répéter aux plus fougueux d'entre ces députés : « *Messieurs, in-* » *diquez moi la route qui doit conduire la France au* » *bonheur et à la liberté ; j'accepte avec transport cette* » *douce et glorieuse destinée. Ouvrez-moi vos avis avec* » *cette franchise qui doit me pénétrer ; nous ne devons* » *tous avoir qu'un même but, l'honneur et le bien de la* » *patrie !* » Il dit, et les ennemis de la royauté se fortifièrent, se multiplièrent. Pétion aurait pu sauver son maître le 20 juin ; le 10 août 1792, l'assaut fut donné à toutes les institutions politiques. La Cour

succomba! Malheureusement le Roi voulut marcher;
il fit un pas, un seul pas, sans précurseur ni sans
guide! Louis écoute les avis de Rœderer; il se repose
sur les représentans de son peuple, et son aveugle
confiance le conduit à la mort!!!

Les finances du royaume allaient finir par s'évanouir entre les mains d'un petit nombre; la misère
devint générale, et cette lèpre honteuse ne tarda point
à s'étendre sur toute la France; les assignats succé-
dèrent au numéraire, et la Convention vint mettre le
comble à toutes ces grandes calamités.

Le dessein de transformer cet empire en république
était déjà conçu; mais on ne comptait pas infiniment
sur l'influence d'un mot aussi magique! on n'espérait
pas le faire adopter à la majorité de la nation française: aussi on prenait bien garde de l'instruire
quelles étaient les intentions des nouveaux Brutus,
qui devaient déserter de leurs retranchemens pour
monter à la brêche! On se flattait que des réflexions
sur les libelles perfides qui circulaient alors, décé-
leraient quel était le nouveau *Séïde* que les *Seize* du
jour devaient choisir, entre l'intérêt, la gloire, ou la
démocratie!

On ne s'était pas porté à ces extrémités si violentes
contre la Cour; on n'avait pas organisé cette troupe
soldée d'anthropophages, aux 2 et 3 septembre, pour
n'en recueillir aucune espèce de fruit; aussi le parti révolutionnaire triompha! toutes les inquiétudes des bons
Français se réveillent! déjà Louis est immolé! Mal-

gré tant de sources d'alarmes, on espérait encore sauver les jours précieux de la reine; on pensait jusqu'au dernier instant que les fiers Germains trouveraient le secret de l'arracher à ses bourreaux; mais il était écrit dans le grand livre du destin, que l'illustre et infortunée Marie - Antoinette périrait victime d'un second régicide (1) ; le 21 janvier ,et le 16 octobre 1793, les nuages les plus ténébreux obscurcirent l'astre du jour, et la nature en deuil paraissait s'attendrir (2).

Le courage modeste, les vertus du prince de sainte

---

(1) L'auteur de cet ouvrage, protégé par Michonis, a été admis plusieurs fois auprès de la reine à la conciergerie. Il se propose de donner des détails inconnus et curieux sur l'auguste prisonnière, dans son nouvel ouvrage intitulé *la Tour du Temple*.

(2) En 1778, M. de B...., maréchal de camp, fut chargé par M. de Maurepas, ministre, d'écrire la vie de Louis XVI. Quand il avait terminé un chapitre, il le portait au ministre, qui, après en avoir pris lecture, le remettait au roi. Ce bon et vertueux prince rayait tout ce que sa modestie trouvait de trop flatteur. Le roi vint à l'opéra; M. de B.... était dans une loge, en face du célèbre Lavater. Dans une conversation très-animée, ce savant dit à M. de B... : Le roi est le plus honnête homme de son royaume; mais il ne mourra pas d'une mort ordinaire à un roi de France. Ce propos frappa tellement M. de B.... que, rentré chez lui, il en fit une note, qu'il mit par inadvertance dans le cahier de la vie du roi qu'il devait porter au ministre; celui-ci, parcourant le cahier à la hâte, n'y fit pas attention, et le remit au roi. Le roi lut la note à plusieurs reprises, la remit dans le cahier, sans en parler au ministre, ni à l'auteur. Mais au 10 août, si funeste à la France, M. de B.... ayant été député par les princes, auprès du roi, cet infortuné monarque fixa M. de B...., et lui dit avec calme et bonté : Il avait raison; l'oracle s'accomplira, j'y suis résigné. Sur les instances de M. de B.... de s'expliquer, le roi lui rappela la note de Lavater,

mémoire et de sa digne compagne, la terreur de la dernière catastrophe et les douloureux détails de scènes à jamais déplorables, saisirent profondément les cœurs des princes, exilés alors de cette France vers laquelle ils tournaient leurs regards. Bientôt leur attendrissement ne laisse de place dans leur ame qu'à la plus profonde indignation.

Le zèle des bons Français, à ces époques désastreuses, signala quelques hypocrites qui jouèrent la tristesse, et l'arrangèrent sur leur visage imposteurs, comme un voile décent, propre àcacher les transports de leur joie; quelques-uns cependant, l'œil fixé sur les champs funéraires, s'y voyaient ensevelis à la place des morts, mais ils étaient bientôt oubliés pour se pleurer eux-mêmes! (*L'idolâtrie du peuple présage tôt ou tard l'ostracisme.*) Dans ce tems, on ne sacrifiait pas toujours des riches et des grands; le pauvre, l'homme obscur et inconnu, n'a point échappé à cette destruction et à cette tourmente politique dont il était impossible de prévoir quelle serait la fin (1). Robespierre et ses complices finirent par abaisser leurs têtes coupables sous la hache de

---

trouvée par lui dans un des cahiers de sa vie... Quel coup pour M. de B...! Mais quelle bonté dans l'infortuné monarque, qui employa ses soins à consoler M. de B...., désespéré de sa méprise involontaire.

Souv. pag. 581 , 583.

(1) L'auteur de cet ouvrage l'avait annoncé, et manqua alors de payer de sa tête cette dangereuse et trop *véridique prédiction !* prédiction fameuse et faite à Robespierre lui-même, en 1794.

la loi, et leur sang vint rougir cette statue hideuse de la liberté, place Louis XV, au nom de laquelle ils commettaient tant de crimes.

Tant que l'instrument fatal qui décima tant de familles fut en permanence, et retentit aux oreilles des Français, tant que cette foule de *comités révolution-naires, d'armées révolutionnaires entretinrent la terreur,* c'était à qui répandrait chez l'étranger de sinistres nouvelles qu'accompagnaient toujours des cris d'a-larme. La guerre était depuis long-tems déclarée entre les Feuillans, les Jacobins, les Cordeliers; entre les Brissotins, les Maratistes, les comités épurateurs et les modérateurs (1). Dès que le glaive des bourreaux fut brisé dans leurs mains, les émigrés rentrèrent en foule, la Vendée combattait pour son roi, Paris était toujours placé sur le volcan des haines et des vengeances! toutes les trompettes de l'opinion qui triomphait étaient embouchées par leurs coupables par-tisans. La foudre gronde de nouveau sur la tête des proscrits, au 13 vendémiaire (1). Une inexpérience funeste ne leur avait pas fait ouvrir les premières pages du règne de Cromwel! la mort venait pas à pas sans les effrayer; ils n'aperçurent son approche qu'à l'ins-

----

(1) Désignations que l'on donnait alors au divers partis.

(2) Le plus singulier des hazards, *la plus légère des causes*, mo-tivèrent le choix que l'on fit alors de Bonaparte, pour commander les troupes de la Convention! Sans ce général, les sectionnaires eussent assurément remporté une victoire complète! à quoi tiennent souvent les destinée d'un État!

O princes, une étincelle peut souvent allumer un incendie! Rien n'est muet pour l'observateur! Non, rien n'est à dédaigner!!!

tant où elle vint les réveiller de leur dangereux assoupissement. Beaucoup d'entr'eux succombèrent sous ses
coups, d'autres furent contraints de partir pour les
champs de l'exil : ils demeurèrent alors convaincus que
c'était une nécessité pour eux d'errer chez des Sar-
mates. La joie que produit un meilleur sort venait de
les trahir; elle était vaine, comme eux, elle s'évanouit
comme un songe.

Dans ces tems désastreux, les regards des exilés
français se tournaient toujours avec attendrissement
vers les rives aimées de leur patrie; en est-il de plus
cher à la pensée, que le premier souvenir que la
nature grave dans tous les cœurs! les princes se con-
servaient purs au milieu des agitations de la vie, et
des orages qui grondaient au loin sur leurs têtes! Ni
le tems, ni l'absence ne peuvent affaiblir l'imagination
d'un objet chéri! *la France! tout pour la France!* tel
était le point de ralliement de l'auguste famille.

L'inconstance semble être une loi générale, tout
dans la nature en donne l'exemple aux hommes, et ce
qui existe aspire à un éternel changement. Aussi
bientôt le gouvernement directorial vint remplacer
celui de la convention.

Les membres composant le triumvirat, ne tar-
dèrent pas à marcher sur un abîme qui semblait s'ouvrir sous leurs pas. Ils crurent être sauvés des coups
de la fortune, en se proscrivant les uns les autres
au 18 fructidor, et se regardèrent bientôt comme les
principales colonnes de l'édifice social! Incapables de
garder aucune mesure, leur précipitation perdit ces

coriphées d'Octave ! Un homme paraît sur la scène politique ! cet homme revient des bords du Nil pour affranchir la France du joug des nouveaux décemvirs ;
il les chasse, relève les autels, proclame des lois, ter-
rasse l'hydre de la licence, se fait consul, et se nomme
empereur ! *Cet homme étonne le monde !...* Quelle pompe
et quelle magnificence dans tous les fastes de son règne !
Sans doute l'intérêt rassemble autour de son trône des
citoyens de tous les rangs ; la reconnaissance ou l'ambition les fixe à sa cour ; mais rangés autour du
char de ce conquérant, lancé dans la route de la
gloire, il ne tarde pas à s'élever un nuage d'adula-
tions mercenaires qui l'éblouit, et qui lui cache les
véritables intérêts de la France ; *il fatigua l'Europe
de ses succès !* Cependant les peuples ne demandaient
pas mieux que de se réunir à sa cause, de la soutenir,
de la défendre ! il fallait chasser les cohortes étrangères qui déjà menaçaient les provinces. En cas d'obs-
tacles pour ce conquérant, les amis sincères de la
monarchie tenaient déjà le laurier pour en ceindre son
front, surtout s'il eût voulu se contenter de la première dignité du royaume, et rappeler l'auguste
maison de Bourbon sur le trône (1) !

Mais l'homme ne peut s'arrêter, il faut qu'il monte
sans cesse. Est-ce là tout, s'écriait César, paisible pos-
sesseur du trône de l'univers ? *veni, vidi, vici* (2). Est-

---

(1) Voir les *Oracles Sibylains*, pag. 436.
(2) Je suis venu, j'ai vu, j'ai vaincu.

ce là tout, s'écriait Napoléon à Wagram, en fixant ses regards sur les maîtres de l'Europe? « Europe! tu n'es qu'un point sur ma carte! En commandant les Français, mon épée peut soumettre les mondes! » Il dit; ses pensées étaient alors semblables au vol de l'aigle, et ne prenaient jamais leur essor que vers l'immensité.

Un nuage épais planait sur les villes, et leur dérobait le jour; une nuit ténébreuse environnait la capitale; les vents impétueux se déchaînaient sur ses habitans; ce gouvernement qui paraissait immuable finit par s'ébranler; les aquilons du nord soufflaient avec violence, le cèdre agitait sa cime majestueuse; Lutèce allait être conquise! Ses intrépides gardiens montrèrent, dans sa défense, un courage héroïque! L'empire protestait hautement contre son invasion, les fils de la gloire brisèrent les barrières élevées autour de la capitale, et se répandirent dans les plaines comme des torrens dévastateurs, menaçant d'engloutir à la fois les phalanges de l'Europe. Bientôt une capitulation honorable vint mettre un terme à tant de maux! Cependant des taches de sang rougissaient le disque éclatant de la lune, le flambeau du soleil s'éteignait dans les ténèbres; le tonnerre grondait dans la profondeur des cieux, et ses longs roulemens se répandirent d'un bout de la France à l'autre. *L'étranger est maître de Paris!*

. . . .

. . . .

En remontant sur le trône de ses aïeux, Louis XVIII dut voir que le caractère national était tout-à-fait

métamorphosé par l'effet d'une révolution qui boule-
versa tout, jusqu'au mouvement de la nature humaine, et par l'image sans cesse répétée d'une mort
constamment menaçante! C'est ainsi que tant d'hommes paisibles, habitués à l'aisance, se transformèrent
en cohortes intrépides capables d'affronter les plus
grands dangers dans les saisons les plus rigou-
reuses, fuyant Saturne d'un côté en se précipitant
au-devant de lui d'un autre. Voilà comme les Français, naturellement braves, devinrent promptement
redoutables !... *Écoutez le Fénélon de la politique, il
dit ;* « Le bouleversement des empires a quelquefois
» des à-propos. Oui ! c'est des grandes calamités pu-
» bliques que naissent des caractères entreprenans ! »
Monsieur, frère de Louis XVI (1), connaissait peu
le génie de la France à l'époque de ces malheurs ! Ce
prince, qui n'avait vu auparavant que des actions
nobles et généreuses, était vertueux, et tout lui semblait animé des mêmes sentimens. Il appartenait au
siècle de lui donner une autre leçon ; la perfidie et
la dureté des hommes le contraignirent à s'exiler (2).

---

(1) Louis XVI, accompagné des deux princes ses frères, parut dans
la salle des états-généraux, le 15 juillet 1789, jour auquel l'assemblée
nationale fut solennellement reconnue par le roi.

(2) Le 16 juillet 1789, M. le comte d'Artois, M. le duc d'Angoulême,
et M. le duc de Berry, ses deux fils, les trois princes de la maison de
Condé, M. le duc de Bourbon, et M. le duc d'Enghien, et enfin M. le
prince de Condé, prirent congé de Louis XVI, pour sortir du royaume.
En février 1790, l'affaire du malheureux Favras inquiéta beaucoup
Monsieur; la démarche que fit ce prince, à l'Hôtel-de-Ville, pour

Les malheurs qui menaçaient le trône lui en imposèrent le devoir. Il fuit ! déjà il avait souffert, il allait
souffrir davantage ; bientôt il ne lui reste plus rien de
ses grandeurs passées. C'est alors que Stanislas-Xavier
de France connut ce monde qu'il avait cru parfait.

Au milieu des malheurs qui affligeaient sa maison,
il devait vivre pour la France, pour son frère, pour
ses neveux ; il aurait voulu précéder ses drapeaux,
combattre dans ses rangs ; non ; rien ne lui paraissait
plus humiliant pour un Bourbon qu'une vie passée
dans une profonde obscurité ! Déjà on avait admiré à
Versailles la modération de Monsieur dans les grandeurs ! Mais dans l'exil en Italie, où il s'était réfugié,
entouré non de la pompe royale, mais d'une haute con-
sidération, il fit dès-lors trembler les ennemis de la
France ! C'est en fuyant d'une contrée à l'autre, pour
obéir aux décrets d'un Sénat vendu (1), que le comte

---

donner des éclaircissemens, ou pour s'expliquer sur cette affaire, ne
put être ignorée du roi.

Monsieur, frère du roi (Louis XVIII), quitta Paris la nuit du 20
au 21 juin 1791. Madame ne savait rien du voyage ; quand elle
fut couchée, que madame Gourbillon, sa lectrice, vint lui dire : Je
suis chargée, de la part de la reine et de Monsieur, de vous emmener
hors de France, la princesse s'écria, saisie d'un pressentiment funeste,
à l'exemple de Marie Stuart, veuve de François II: Adieu , beau
pays de France , que j'ai tant aimé. Adieu!!! Adieu!!!

(1) Louis, forcé de quitter Vérone, se fit apporter le livre d'or,
où figurait le nom de l'un de ses ancêtres ; *il l'efface lui même*, il méprise ce sénat orgueilleux, qui se donnait un maître; ce sénat, qui,
un peu plus tard, devait se soumettre à l'Atlas, qui, renversant le
lion de Saint-Marc, ferait passer ses graves sénateurs, sous les four-
ches Caudines ! et finirait par réunir enfin à son empire cette république réputée imprenable!!!

de Lille (1), fit rougir ces indolens sénateurs par son courage et sa résignation dans l'infortune ! *Melior est patiens viro forti , et qui dominatur animo suo expugnatore urbium.* Prov. XV ; J. 32 (2).

Son ame était libre comme l'air , ses principes étaient inaltérables ! il avait résisté aux vains égards , rien n'avait pu lui faire sacrifier ses pensées, ni compromettre la dignité de sa couronne (3); Louis avait un goût sûr, l'esprit cultivé , des talens distingués pour les belles-lettres ; elles faisaient le charme de sa vie privée à Mittau, à Hartewell, comme au milieu des grandeurs de sa cour. Il montrait beaucoup d'imagination, quelquefois les ressources de l'éloquence ; et si la noblesse des pensées, la recherche des tours et des expressions, le ton de l'élocution, si la variété des objets qu'il parcourait, des citations qu'il faisait , des connaissances qu'il réunissait et qu'il semblait ainsi avoir toujours présentes à l'esprit, paraissaient demander plus de réflexion qu'on n'en apporte ordinairement dans un entretien sans préparation et sans études, tel qu'il s'établit dans un salon ; il faut se

------

(1) Nom que Monsieur (Louis XVIII) porta constamment pendant l'émigration.

(2) Le patient vaut mieux que le fort, et celui qui dompte son cœur, vaut mieux que celui qui prend des villes.

(3) On connaît la sublime réponse que fit Louis XVIII à Bonaparte; cette lettre, écrite du fond de son exil, mériterait *d'être gravée sur le bronze.* Elle peint l'ame du prince , et montre la force de sa vertu.

3

rappeler que le Nestor des rois avait le talent d'improviser. Sa conversation captivait tellement l'attention, que l'on s'attachait pour ainsi dire à ses lèvres, et même, après que le cœur était convaincu, l'oreille désirait encore être frappée de la justesse de ses dernières réflexions ; il s'exprimait avec cette chaleur qui sort de la conviction et qui la commande. On aime à retrouver dans un prince aussi célèbre par ses rares talens en politique, *un génie supérieur !* C'est le lot des esprits rares d'allier la justice avec l'imagination ; aussi chacun se croyait chez soi, *dans son intérieur*, et l'on était chez lui !!!

Son cœur, ouvert à tous les sentimens généreux, allait se trouver de nouveau aux prises avec les plus terribles revers. Cependant tout paraissait tranquille autour de lui, sa sagesse et sa politique avaient fait refleurir le commerce, et encouragé l'agriculture. On jouissait des charmes de la paix, sous le gouvernement du Sésostris français. Mais la Cour avait commis quelques erreurs. Les ministres aggravèrent le mal ! le mécontentement se repandit dans l'armée ! des agitateurs en profitèrent, on exhorta le soldat à oublier ses sermens ; bientôt un coup funeste fut porté à LOUIS, ce fut le retour de Napoléon au 20 mars.

Oh ! changement affreux pour quiconque le voit sans pénétrer dans l'avenir ! *Pour conquérir un trône, il suffit d'être un héros ! mais pour savoir en descendre avec grandeur*, il faut être plus qu'un homme! *Qui humiliatus fuerit, erit in gloria* (1)*!*

Les fils de Henri IV surent dans tous les tems fortifier leur vertus par le malheur; c'est dans cette défection générale, dans cette privation absolue des secours humains, que la force d'une religion sublime se déploie davantage; dans ces momens de désespoir, où les calamités publiques sont à leur comble, où la nation épuisée était sur le point de succomber! c'est alors que la religion se plaît à secourir un monarque malheureux chassé de ses états, et si digne de régner!

Sainte amitié, tu vins consoler les Bourbons; tu étais, pour leurs ames si cruellement affligées, le baume de l'évangile.

On frémit encore d'horreur à la seule pensée du péril que coururent les princes; ils passèrent quelques nuits dans des agitations opposées, et quand, vers le matin de ce triste jour, ils eurent à peine fermé l'œil durant un léger sommeil, un ange qui veillait sur eux leur apparut; sa voix céleste leur dit : Fuyez, fils de Saint Louis, fuyez! Alors le Roi, se recueillant, laisse échapper ces paroles : *Qui me donnera des ailes comme celles de la colombe pour prendre mon vol, et trouver mon repos* (2)?

---

(1) Celui qui est humilié se verra dans la gloire.

Job. c. 22.

(2) Ps. 7.

En contemplant avec étonnement celui qui la veille était ceint du diadème, paraître insensible à la perte de toutes les grandeurs humaines, on se disait : *Dejectus usque in suorum, quod grave est, contumeliam ; vel, quod gravius, misericordiam ; ut vel Siba eum pasceret vel ei maledicere Semei publice non timeret* (1). Il conservait dans sa retraite de Gand, au milieu de ses disgrâces, un front modeste et une ame tranquille ; il souriait encore sous le poids de ses malheurs, *et consolait ceux qui venaient le consoler !*

Il oppose à ses derniers revers un courage invincible, il voyait passer des ténèbres à la lumière *une race nouvelle*, il voyait replonger dans l'oubli l'antique maison de Bourbon. Il sentait que Dieu permet quelquefois une révolution si terrible et si rapide; mais il se sentait aussi le courage et la force d'ame de la soutenir avec honneur.

D'insensibles courtisans à cette douloureuse époque, disaient au roi de France : « Comment supporterez-» vous de sang-froid cette injure, sans punir, sans » humilier du moins ceux qui vous ont outragé (2) !

______

(1) Le voyez-vous ce grand Roi, le voyez-vous, seul, abandonné, tellement déchu dans l'esprit des siens, qu'il devient un objet de mépris aux uns, et, ce qui est plus insupportable à un grand courage, un objet de pitié aux autres? ne sachant, poursuit Salvien, de laquelle de ces deux choses il avait le plus à se plaindre, ou de ce que Siba le nourrissait, ou de ce que Semeï avait l'insolence de le maudire.

Salv. 2, *de Guber. Dei.*

(2) La vie de Louis XVIII fut constamment menacée pendant l'émi-

» ce ne serait pas de la clémence, mais une véritable
» cruauté d'épargner leur vie coupable; en leur accor-
» dant l'impunité de leur parjure, vous exposez le
» royaume à de nouveaux malheurs! » ils dirent, et les
cruels désignèrent les victimes (1)!!! Sans cela ils auraient appris combien l'ame du prince s'élançait au-
delà de ce cercle étroit dont leur imagination ne peut
dépasser les limites!

Si l'impérieuse nécessité ou les conseils avaient pu
un moment diriger les enfans de la gloire, il en était
que le Roi excusait par l'intention! mais Louis avait
tremblé justement sur les jours d'un prince, *aujour-
d'hui l'espoir de la France*. Il allait lui être rendu. Oh!
constance! vertu céleste! comme tu sais triompher
des fureurs d'un ennemi, et tromper sa vengeance! le
duc d'Angoulême devait être délivré par ceux-là
mêmes qui ne se croyaient point appelés à le sauver (2).
En soumettant le *héros* à l'exil, on sut encore lui

---

gration; on connaît tous les dangers que ce courageux prince a courus.
Lors de la fuite précipitée de Dillingen, il fut frappé d'une balle à la tête,
par un lâche assassin : « Deux lignes plus bas, le Roi de France se
» nommait Charles X. » Louis avait déjà pardonné! Il était dans son
cœur et dans sa destinée, de pardonner encore! Pleurons sur le sort
de quelques victimes! mais plaignons le Monarque! Hélas! le tems doit
révéler de bien grands secrets; taisons-nous, et pour cause!!!

(1) La mort en a moissonné de bonne heure; que le ciel les reçoive
dans le séjour de la félicité; ils étaient coupables de quelques erreurs...
mais je ne doute pas qu'ils ne reposent en paix.

(2) Voir les *Oracles Sybillains*, pag. 278-283.

faire trouver des consolations jusques au sein du malheur.

C'était surtout sur *ce fils bien-aimé*, qne le monarque déchu invoquait la clémence divine. « Si c'est un » crime aux yeux des traîtres d'avoir reconquis ma » couronne, ce n'est pas d'eux, mais de mes ancêtres » que je l'ai reçue. Si leur main doit frapper l'un des » membres de ma famille, que je sois seul en butte » à la vengeance calculée ! mon frère et ses fils doi- » vent nécessairement me survivre, et augmenter la » gloire de cette France, de cette admirable France » qui doit être immortelle ! Si des têtes si chères sont » épargnées, je serai fondé à croire que Dieu m'au- » rait exaucé, et je le bénirais même en voyant » couler mon sang. » Ainsi parlait le Roi, du fond de son exil. *Facti sunt filii mei perditi, quoniam invaluit inimicus* (1). *Manum suam misit hostis ad omnia desiderabilia ejus. Posuit regnum et principes ejus. Recedite à me ; amare flebo ; nolite incumbere ut consolemini me. Foris interficit gladius, et domi mors similis est* (2).

Le retour du Coriolan moderne sur le continent,

---

(1) Lam. J. 16. *ibid.* J. 10, J. 2. J. S. XX. J. J. 4. Lam. 20.

(2) Voyez, Seigneur, mon affliction ; mon ennemi s'est fortifié , et mes enfans sont perdus. Le cruel a mis sa main sacrilége sur ce qui m'était le plus cher. La royauté a été profanée , et les Princes sont foulés aux pieds. Laissez-moi ; je pleurerai amèrement ; n'entreprenez pas de me consoler, l'épée a frappé au-dehors, mais je sens en moi-même une mort semblable.

avait fini par alarmer l'Europe ; le congrès des rois siégeait à Vienne, ce congrès manifesta hautement son indignation sur le retour imprévu de l'athlète qui voulait rentrer en lice. On concevait déjà de justes craintes sur la solidité de l'édifice que la sagesse bienveillante de Louis venait d'élever en faveur de ses peuples. La position de la France, *par l'insulte aux vaincus et l'outrage au malheur!* était dès-lors dans un état d'inquiétude et d'agitation perpétuelle ; les prétentions les plus opposées étaient depuis long-tems en présence ; on reculait le mensonge pour le rendre incompatible avec la vérité ; *l'aigle victorieux* qui fit des rois par sa seule influence ! *apparaît dans Lu-tèce!* bientôt de nombreuses phalanges, non-seulement venues du sein de l'antique Germanie, mais encore des frontières les plus reculées du vaste et redoutable empire d'Orient, accoururent par torrens pour le combattre et le vaincre ! déjà il avait repris les rênes de l'état, déjà il comptait sur les secours puissans *d'un Empereur allié!* le sceptre de l'antique monarchie française devait se briser entre ses mains.

Un des avantages de *l'étoile* de cet homme si extraordinaire fut d'inspirer à ses braves une confiance peu commune ; il leur dissimulait adroitement combien la luttte où il allait se rengager serait terrible ; il les convainquit de ses droits *comme père et comme époux!* Mais alors la providence lui avait retiré son appui; la France, en deuil de ses rois, avait enfin apparu au géant qui défiait les mondes; elle fit plus, elle déroula à ses yeux l'histoire de l'avenir qui lui est réservé (1). Ce fut au champ de Mai que commencèrent à s'obscurcir les plus riantes espérances; l'addition qu'il fit à ses premières constitutions refroidit le zèle de ses partisans, et lui prépara une chute effrayante ! O champs de Waterloo ! que ne put-il mourir !!!

Waterloo, tu retraces aux Français d'immortels souvenirs ! Louis les présageait, Louis s'attendrissait; il lui appartenait de réparer de si grandes calamités, et d'être nommé une seconde fois le libérateur de son peuple.

Au milieu de l'ivresse du bonheur (2), au milieu de l'enchantement d'une Cour brillante, Louis dut déplorer les maux incalculables qui pesaient sur la France ! l'étranger ravageait ses provinces; il trouve cependant des ressources dans sa fermeté, il gagne

____

(1)« ... Surtout évite avec soin ceux qui voudraient, par leurs bri-
» gues et par leurs projets fallacieux, exiter à fomenter en ton nom ,
» des troubles, et à rallumer la fureur des dissensions civiles...... tu
» succomberais sans gloire.... (Testament de Josephine.) *Souv.*
» *proph.*, pag. 282. » (Paris , 1815, 15 Janv.)

(2) Je me réserve de donner, dans l'un de mes premiers ouvrages,
des notes extrêmement curieuses sur les deux restaurations et sur la
haute sagesse et la fermeté du Roi que nous regrettons tous ! Qu'il
me suffise de dire ici que Napoléon vénérait Louis XVIII. Sa politique et son ambition ont pu l'égarer sur ses vrais intérêts et sur ceux
de la France ; mais l'exilé de l'île Sainte-Hélène n'est pas encore jugé !

les uns par sa douceur et ses bienfaits, les autres en
leur parlant le langage d'un maître qui veut être obéi.
La politique et l'exemple imposèrent à ce monarque
des devoirs bien cruels à remplir; l'impérieuse nécessité venait lui commander de sanglans sacrifices! *son
cœur paternel dut en gémir!* Qu'il eût été doux à ce
fils de Henri de pouvoir s'écrier en rentrant dans ses
états : Je n'ai retrouvé en France que des sujets fidèles
et dévoués; malgré les diverses nuances d'opinions
qui les divisaient, que ne puis-je dire aujourd'hui :
Personne n'a souffert pour ma cause!

La douleur publique avait pris le change pendant
quelque tems, et cette indifférence apparente de l'Europe armée contre certains auteurs ou fauteurs de la
rebellion, réussit mieux à calmer les esprits irrités,
que n'aurait fait tout autre sacrifice; de sorte qu'au
lieu d'avoir trouvé un péril dont on avait espéré
qu'ils ne sortiraient pas, plusieurs d'entre les alliés,
par leur esprit de justice et de modération, se créèrent
des amis, et se firent des partisans parmi cette foule
de braves qui avaient juré de les anéantir. Mais, ô
prodige! on vit les soldats français, pleurant sur leurs
armes, arracher à la mort et devenir les défenseurs
de ceux - là mêmes qui s'étaient rendus coupables de
violence, ou portés à de plus grands excès.

Cependant les souverains allaient finir par imposer
des conditions sévères, déjà ils exigeaient de fortes
garanties; *Louis plaida pour son peuple.* Sa munificence

royale ne s'en tint pas là. Ce prince, comme une senti-nelle vigilante, aurait voulu sauver tous les chefs-d'œuvres de la main des Vandales... il déploya un rare courage, *il enchaîna la haine, et prévint la révolte !* où seraient aujourd'hui ces ponts si magnifiques qui décorent Lutèce.... Lutèce unique ! cette colonne im-mortelle qui retracera à la dernière postérité de si beaux faits d'armes... Cette colonne!!! elle eût été ren-versée impitoyablement, sans la main généreuse d'un Bourbon ; il l'a constamment soutenue, il était digne de régner ce roi magnanime, ce roi qui recréa la royauté selon la Charte, le vœu et le besoin de ses fidèles sujets.

« *Les grâces sont souvent des injustices ; mais la jus-* » *tice est toujours reçue par le peuple à titre de grâce.* » La vérité fut voilée un moment en 1816 et 1817 (1); elle ne put arriver jusqu'au trône , et pourtant la sagesse et la raison la soutenaient sur sa base ! La tolérance fut exilée, et remplacée par la sombre ter-reur ! on punit d'anciennes fautes, on en supposa de nouvelles ! La discorde agitait les esprits, et la douleur fut à son comble ! On ne cessa de fatiguer Louis, en lui montrant des libéraux jusque sur les marches du

---

(1) L'auteur avait prévu tout ces tristes désastres, annoncé la fa-mine, et signalé ouvertement tant de maux ! Voir, pour se convain-cre de la vérité de ces prédictions, l'ouvrage intitulé : *La Sybille au tombeau de Louis XVI,* imprimé à Paris le 16 janvier 1816, et présenté au Roi.

trône! les intentions les plus loyales furent dénigrées; on soufflait sur la cendre des passions pour les ranimer. A la vérité, *l'esprit d'indépendance* fit quelques progrès; mais la majorité des Français restait attachée à la Charte et aux garanties d'un trône héréditaire. On voulait ôter au Roi sa confiance dans ce peuple qu'il aimait. Les cours prévotales effrayèrent les gens paisibles, les méchans tremblèrent; quelques conspirateurs vrais ou *simulés* payèrent de leurs têtes les calomnies, les préventions, ou peut-être des crimes!

Si le Roi le savait! tel fut le cri général de la France contre les créateurs et les ordonnateurs de ces chambres ardentes! Ils bâillonnèrent la liberté de la presse; ils rendirent le droit de pétition à peu près illusoire! Un moment les ennemis de l'auguste famille des Bourbons triomphèrent de cette inquisition qui *scrutait la pensée!* Chacun pâlissait et de crainte et d'effroi! La plainte et le conseil remontèrent jusqu'au trône de Louis, il l'entendit! Ce digne monarque repoussa ces flatteurs qui avaient osé tromper sa confiance. Il parvint à éteindre un nouvel incendie. Une horrible famine affligeait son royaume! Louis soulagea le peuple, Louis plaignit le malheur! Son peuple le bénit!!!

« Les plus habiles conseillers de ma couronne » sont la franchise et la bonne foi. » Ainsi parlait le sage au milieu du Conseil. Ce prince généreux gémissait de l'occupation de la France! sa belle ame voulut la faire cesser. Le duc de Richelieu, chargé des pouvoirs de son maître, vint la négocier au congrès d'Aix-la-Chapelle (1). Ce ministre représenta dignement le souverain qui l'accréditait auprès du Conseil suprême des rois de l'Europe. Cependant les opinions diverses furent longuement discutées; les avis se partagèrent. Les monarques alliés craignaient de nouveaux troubles au sein d'une profonde paix! La modération du médiateur, la haute confiance et la profonde vénération qu'on portait au Nestor des rois, si versé dans la politique, et si riche en connaissances littéraires, finirent par lui gagner d'honorables suffrages. Il en fallait encore pour couronner tous les vœux! mais l'ange de la paix, le modérateur de l'Europe, le noble et généreux Alexandre (2), vint aplanir

____

(1) Il faut voir, pour plus de détails, l'ouvrage de la *Sybille au Congrès d'Aix-la-Chapelle*, suivi d'un *Coup d'œil sur celui de Calsbad*. Ce merveilleux et si singulier livre, remarquable par la justesse de ses prédictions sur Naples, l'Espagne, la Grèce, etc., attira sur son auteur de violentes persécutions en Belgique : ce livre était dédié à leurs altesses royales le prince et la princesse d'Orange; ils l'avaient agréé, et fait même un honorable présent à son auteur. Mais les fanatiques s'en allarmèrent, et Mlle Le Normand paya par cent jours de prison, à Bruxelles, le dangereux honneur d'avoir deviné juste, et surtout d'avoir fait imprimer, en 1819, ce qui devait advenir en Europe en 1821.

(2) Et le bon Stanislas fait des vœux pour que le Roi des rois perfectionne son immortel ouvrage, en recréant une patrie aux fidèles et *nobles Polonais!* Honneur à tous les souverains de l'Europe! Alexandre Ier est le favori des dieux. (Prédiction accomplie.) Voir *Souv. proph.*, pag. 225.

toutes les difficultés ; il se prononce hautement en faveur de la France ! Il vante son gouvernement ; il ap-
plaudit au génie de ses peuples ! Il dit, et l'immortel
petit-fils de la grande Catherine fait des vœux pour
l'union constante de l'illustre famille des lis, et pour
son chef auguste que Dieu avait visiblement protégé !

Le nouveau Charles V, du fond de son cabinet,
avait dirigé les efforts de son ministre plénipoten-
tiaire ; il lui avait prescrit sa conduite, et dicté
ses réponses ; sa politique était dans son cœur, son
peuple recouvrait son premier rang ! Le vaste héritage de Louis XIV n'était point *morcelé*, mais
délivré. Les enfans de la valeur renaissaient à l'espérance ! Années mémorables de 1818 et 1819 (1),
vous vîntes affermir toutes les garanties ; le vœu du
bon Henri était réalisé ! Sésostris recouvra un double

---

(1) « Le moderne Sésostris qui nous gouverne, veut fermement le
bonheur de la France ; il le fera, ce Prince ; le digne successeur de
Louis XVI, préviendra, dans sa haute sagesse, des orages intérieurs ;
il apaisera des tempêtes violentes ! Mais le calme universel doit renaître pour tous ; les fils égarés reviendront à leur père, et l'enfant pro-
digue reconnaîtra ses erreurs.... Louis XVIII nous fera oublier les
maux inséparables d'une longue révolution. Il surpassera la clémence
d'Auguste ! *Son règne annonce plus d'un grand miracle !* et notre
union seule fera notre force de 1815 à 1819. Tout sera accompli !
même le vœu du bon Henri IV, *la poule au pot.* » (Extrait des *Souvenirs prophétiques*, imprimés à Paris en 1814, p. 580 et 581.) La
France fut conquise et délivrée pendant cet intervalle, et l'année 1819
fut heureuse et abondante.

diadème ! il lui fut décerné par la reconnaissance et la gloire de l'armée ! ! !

Bientôt des couronnes de cyprès vont se mêler aux couronnes de lauriers. Le flambeau de l'hymen va s'obscurcir, mais un de ses derniers rayons pourrait-il éclairer la France ! ! ! Le duc de Berry n'est plus ! pleurez, soldats, vous avez perdu un père ! pleurez, Français, vous avez perdu un ami ! Son ame généreuse fut retrouver celle du grand Henri, dont il était l'image ! il possédait son cœur, et parlait sans *feintise;* c'était le *Béarnais*, sous les traits de son fils. On arme un nouveau *Séide* contre lui, il frappe le malheureux prince ! Il frappe ce Berry, l'honneur des *preux;* le soutien de sa race ! Il tombe ce Berry ! et Caroline, la bonne et sensible Caroline est présente ! Il prononce le nom de cette épouse bien-aimée ! elle le soutient, le presse sur son cœur ! ce cœur aimant recueille son dernier soupir ! *un grand secret lui échappe en mourant;* la princesse éplorée invoquait la mort ; elle voulait suivre Charles ! Charles qui venait de la rendre confidente de ses dernières pensées ! ! ! L'arbre de Jessé venait de mourir sur sa tige ; il laisse deux rameaux (1). Dieu permit alors un grand miracle ! L'ap-

---

(1) « La France doit recouvrer son antique splendeur, mais elle ne sera réelle et même immuable que de 1824 à 1828, et pourtant les Lis auront refleuri de nouveau, et même un jeune prince sera un jour bien cher aux diverses nations. » (*Oracle Sybil.* , pag. 28. 1817.)

parition céleste de Louis IX, annonçant à la France un nouvel Henri!! la sainte prophétie finit par s'accomplir (1)!!

O Louis! que de regrets, que de secrets, que de vertus ensevelies dans la tombe de Berry, de ce Berry *sans peur et sans reproche ?* Il n'est plus ce prince! il vit, mais pour être immortel! Louis, ton courage fut héroïque dans cette affreuse circonstance; Louis, tu fermas les yeux de ton fils Charles; tu élevas les tiens vers le ciel, et les laissant retomber sur l'orpheline du Temple, tu dis : « *J'ai beaucoup souffert, mais j'ai vu souffrir davantage, que d'infortunés j'ai vus mourir! et moi j'ai pu leur survivre !!!* Louis, ta force d'ame était

---

(1) Une vision *mystique* est l'un de ces nombreux bienfaits que la Divinité accorde à ses élus ; elle leur fait entendre sa divine parole, soit par l'apparition de l'un des séraphins composant sa céleste milice, soit par la révélation d'un être privilégié, et doué du don de la révélation ! Isaïe prophétisait sur le sort et la durée des empires ! Jérémie se lamentait sur l'aveuglement des hommes qui fuyaient la lumière, et préféraient demeurer dans les ténèbres !!! On doit admirer ce qu'on ne peut approfondir ! La Providence veut être incompréhensible dans ses admirables desseins! Aussi, rien ne doit être dédaigné ni commenté par le méditatif! L'athée seul n'est que matière ; aussi rejete-t-il tout, jusqu'au mouvement céleste dirigé par un Dieu.

Le duc de Berry avait bien voulu honorer Mlle Le Normand d'une bienveillance particulière en agréant ses ouvrages! Plusieurs jours avant le décès du Prince, Mlle Le Normand fit un songe qui semblait lui présager les malheurs dont la France était encore menacée. Comment oser parler d'une *vision* dans ce siècle savant! sans passer pour illuminé, voire même *somnambule.* Elle prit le parti qui lui semblait le plus sage, ce fut de consigner ses craintes dans une lettre qu'elle eut beaucoup de peine à faire insérer dans le *Journal des Débats* du

au-dessus de la nature ; l'ange de la mort te protégeait déjà ! ! !

L'illustre victime était à peine descendue dans la
tombe de ses ancêtres, que déjà on fulminait contre
un homme devenu trop fameux : on l'accusait ouvertement d'une faute de rare imprévoyance. Ce président du conseil du Roi fut attaqué avec vigueur sur
sa politique étroite et tortueuse ! Du haut de la tribune de la deuxième chambre, un nouveau Mirabeau
vint appeler sur son administration la crainte et la
défiance ! Ce protégé de la fortune, dont la carrière
n'était ouverte que depuis quelques jours, était déjà
signalé comme favori du prince ; on semblait redou-
ter celui qui paraissait investi d'une confiance intime !
L'esprit de parti s'empressa de déposer sur les mar-

---

13 février 1820. Cette lettre parut le jour même qui éclaira l'épouvan-
table catastrophe qui priva la France d'un Prince si digne, et du meilleur des pères et des époux ! Cette lettre dut paraître une révélation
dans ce moment de terreur ! On admira sa franchise, son ton de
vérité ! Mais comment approcher des grands, même pour leur rendre
service ? On en offre la preuve.

« Monsieur, s'il m'était échappée dans le cours de mon ouvrage (*La Sibylle au
Congrès d'Aix-la-Chapelle*, ouvrage offert au Roi, au duc de Berry, et agréé par eux)
quelque indiscrétion, j'avoue ici de très-bonne foi, que je n'ai point prétendu agiter des
questions de haute politique, ni dévoiler les secrets qu'elle fait mouvoir ! je me suis
contentée de soulever un coin du rideau qui dérobe à tous l'avenir. Quant au passé,
comme bonne Française (et l'on ne saurait m'en ôter le titre), je fais des vœux pour
qu'il serve de leçons à ceux qui se croient et se disent si pénétrans... *Mais hélas ! nous
vivons dans un siècle où bien des gens encore ont des yeux et ne voient point ! des
oreilles, et n'entendent pas !*

LE NORMAND. »

Journal des Débats, 13 *février* 1820.

ches du trône des révélations ou feintes ou véritables; mais elles invitaient la sagesse royale à la méditation et à l'examen. Voyez celui qui la veille semblait invulnérable, et excitait tant l'envie ; il fut renversé comme le seront à leur tour tous les *Mazarins* du siècle ! Ce ministre avait pu se tracer une route sûre et hardie ; mais il voguait sur une mer orageuse, sans carte et sans boussole; aussi il devait rencontrer d'insurmontables écueils ; ils le firent sombrer sous voiles dans une tourmente politique ! ! !

« Tel est un roseau desséché, il ne saurait soute-
» nir celui qui en fait son appui ; mais en se brisant,
» il peut le blesser.» On ne pouvait raisonnablement rien craindre du ministre déchu. Cependant Louis le combla de ses dons ! On peut dire du noble pair :
« Il prétendit commander la paix intérieure comme condition indispensable à la sûreté du trône; il travailla ingénieusement à rapprocher tous les partis ; mais vinrent des accidens sérieux, il ne put se présenter en lice; il fut obligé de louvoyer et de droite et de gauche, sans conclure un traité régulier, sans stipuler de conditions précises ! il ne put atteindre son but, et recula devant ses pas ! ! ! Sans Louis eût-il été sauvé?...» — *Dominus tecum, virorum fortissime... vade in hac fortitudine tua... ego ero tecum* (1).

____

(1) Le Seigneur est avec vous, ô le plus courageux de tous les hommes ! allez avec ce courage dont vous êtes rempli ; je serai avec vous.

Le *Titus* de la *France* ne cessa jamais un seul instant de s'occuper des finances de l'Etat et du bonheur du peuple. Ses rapports avec les cours étrangères lui garantissaient la durée de la paix ! La sérénité revint sur le front, et le calme renaît dans les cœurs. Et pourtant un volcan révolutionnaire venait de se rouvrir ; il menaçait d'engloutir à la fois les gouvernans avec les gouvernés ! Le tourbillon électrique de la rébellion était parti de Naples, pour se diriger sur le Piémont, qu'il embrase ; *ce feu grégeois* gagne la France, pour aller de là vomir son soufre bitumineux sur deux Etats voisins. Que serait ce pays soumis aux anciens *Maures*, si la Providence ne l'avait couvert de ses ailes protectrices? Que serait aujourd'hui Ferdinand, s'il n'eût trouvé un autre Bourbon? Ferdinand ecoute les conseils de ministres orgueilleux ; Aman peut l'égarer encore ! écoute ton libérateur, ce prince magnanime, le héros d'*Andujar* ; écoute, successeur de Charles IV au trône des Espagnes ! relis et médite sur cette proclamation du protégé de DIEU !
« Nous avons l'obligation de pourvoir à la tranquil-
» lité du royaume ; nous ne devons pas souffrir les
» arrestations arbitraires, les vexations gratuites, les
» persécutions imprudentes par lesquelles l'esprit de
» parti s'expose, et nous avec lui, à rallumer l'in-
» cendie de cent petites guerres civiles, ou du moins
» à éloigner indéfiniment la consolidation de l'ordre
» public. » Voilà, ô Ferdinand, la route qu'il te faut suivre ; elle t'est tracée par cette main victorieuse

qui soutint l'épée qui te sauva vers le *Trocadero.*
Ferdinand, il faut conserver ton trône : il faut sauver
ton peuple, et te sauver toi-même ! écoute, cette dernière fois, le libérateur , *le doyen de la famille !*
c'est un roi, c'est un ami qui vient t'en conjurer !
O Ferdinand ! il en est tems encore ; *tolérance* et
oubli, oubli et *tolérance !* que dis-je, amnistie et par-
don ! en faveur de ceux qui, pour avoir servi sous
d'autres drapeaux, n'en sont pas moins tes enfans !
Ainsi parlait Louis dans ses derniers beaux jours !

Si on s'arrête maintenant à réfléchir sur les moyens
extraordinaires dont s'est servie la main puissante qui
a conduit la France au comble de la prospérité, un
élan de reconnaissance doit arracher tous les peuples
à eux-mêmes. Ils doivent repasser dans leur mémoire
des crimes dont l'horreur avait presque égaré leur
raison. On ose à peine se livrer à l'idée du bonheur ;
mais la barque fragile a été conduite à travers les
tempêtes dans le port ; la patience et le courage de
Louis l'ont soutenue jusqu'au moment suprême, prévu
par la bonté du ciel ; tous ses desseins ont été secondés
par la sagesse éternelle. *Apprehendi te ab extremis
terræ , e longinquis ejus vocavi te ; elegi te, et non abjeci
te : ne timeas, quia ego tecum sum* (1).

Le terrible moment approche, ses regards ne peu-

---

(1) « Je t'ai pris par la main pour te ramener des extrémités de la
terre : je t'ai appelé des lieux les plus éloignés ; je t'ai choisi, je ne
t'ai pas rejeté ; ne crains point, parce que je suis avec toi. » C'est Dieu
même qui parle ainsi.

vent l'atteindre ; bientôt Louis va paraître devant le créateur du monde, où, dégagé de ce corps périssable et trop lent à se consumer, son ame va s'élever au pied du trône où la miséricorde réside avec la justice. Là seront découverts, sans voile, les secrets rigoureux qui fermentent depuis si long-tems dans son ame agitée ; là se prononcera l'irrévocable sentence qui doit décider du bonheur ou du malheur de Louis !

C'est à cette époque imposante et terrible, c'est à l'approche de ce dernier passage qui fuit en silence, et qui, mieux que l'art d'un discours éloquent, ou la philosophie de tous les siècles, prêche à ceux qui environnent un roi mourant, la vanité, le néant des grandeurs humaines.

Les instans des mortels sont comptés, et ces instans si courts sont tissus de regrets et de douleurs éternelles. Ah ! votre triste vie, ô princes ! est le rêve d'une ombre !

L'aspect du bonheur dont jouit la France, doit adoucir l'amertume des regrets, et même consoler les peuples. Déjà *Lutèce* et les provinces sont enveloppées d'un crêpe de deuil universel ; on fuit l'éclat du jour, et l'on ne se plaît que dans le silence des tombeaux ; on n'aime que les scènes qui retracent l'objet touchant qu'on a perdu ; il est impossible de se créer, comme jadis, des illusions dont les tableaux délicieux charmaient le présent et décèlent des espérances ! L'espoir semblait briller encore le 25 août ; ce n'était que pour éblouir la France, et précipiter dans la tombe le petit-fils de saint Louis.

La résignation et l'espoir consolant de l'éternité voilà ce qui pouvait faire son bonheur sur cette terre périssable. Le descendant de tant de rois était loin de s'abandonner à aucun sentiment de plaisir et de consolation quand à chaque instant il voyait les flèches de la mort se diriger contre son cœur. Non, la vie n'était qu'un deuil continuel pour le roi, qu'une couche d'agonie, ou le bruit perçant de cette cloche funèbre, sans cesse agitée par la main de la mort. Elle vint enfin l'avertir de son heure dernière; les pleurs et les soupirs l'environnaient. Voilà le partage de la triste humanité, dit-il en voyant sa famille; « *Un Roi peut mourir; il ne doit pas être malade.* » Il laissa échapper quelques pleurs : « Si je suis séparé de vous, ô
» pieuse *Antigone !* une meilleure, une plus heureuse
» vie nous attend. Le ciel nous récompensera du
» sacrifice; alors, fixant son successeur et son auguste
» fils, il recite lentement ce verset du prophète : »

Et serviens ei, et serviens filio ejus, donec veniat tempus terræ ejus et ipsius (1).

Louis, dans ces derniers momens, était un spectacle qui rendait la terre et le ciel attentifs; il remplissait ses devoirs de fils aîné de l'église ! Son juge souverain venait le visiter ! Le grand homme restait

---

(1) Je veux que ces peuples lui obéissent, et qu'il obéissent encore à son fils, jusqu'à ce que le tems des uns et des autres vienne. XX J.

intrépide et vertueux au milieu de rudes souffrances ;
déjà il avait fait un pas vers le bonheur, il était
convaincu que c'était une nécessité de beaucoup souffrir. En effet, le sage monarque voyait en esprit la
vaste enceinte où toute la race humaine doit attendre
son arrêt ; un essaim d'esprits immortels le couron-
nait déjà.

Une prévoyance funeste ne l'avait point alarmé
sur l'avenir, la mort venait à lui sans l'effrayer, *gli
Angioli, suoi amici, scendono da'cieli per mantenere
il sagro fuoco nel di lui cuore* (1). Il ne la sentit qu'à
l'instant où elle le frappa ; un même coup commence
et finit tous ses maux !

Que du trône au cercueil, le passage est terrible !

Si de tous les hommes il n'y en avait qu'un seul qui
dût être immortel, combien tous les autres seraient
jaloux ! comme tous les rois se prosterneraient devant
lui ! Mais il ne reste plus que le souvenir immortel
des tombeaux ; aussi le vrai sage laisse au sens le domaine borné du présent, et donne à son ame le vaste
avenir pour domaine !

Quoi ! il ne restera plus qu'une fragile poussière de
ce roi dont vous déplorez la perte, de ce monarque
qui avait reçu cette intelligence sublime ! cette flamme
de génie, cette ame qui représentait un Dieu sur la
terre ! *Purpureos spargam flores, animamque parentis his*

---

(1) Les anges, ses amis, descendent des cieux pour entretenir dans
son cœur le feu sacré.

saltem accumulem donis, et fungar amico (1). Déjà la mort vient d'effacer ses traits majestueux, et l'a fait évanouir dans la nuit éternelle ! L'éclat de sa grandeur va se perdre dans les sépulcres de Saint-Denis, et s'éteindre dans le néant !

Tombes de Saint-Denis! triste séjour pour l'homme dont l'ame est fermée aux méditations ! où sont-ils ces cercueils qui renfermaient les restes mortels des rois? où reposent leurs ossemens humiliés ? *Dans la poussière du sépulcre commun ! exsultabunt ossa humiliata !* Ombres plaintives et injustement persécutées en 1793, c'est à Charles X à venir vous venger ! puissent les coupables d'un pareil sacrilége, expier leurs crimes dans les remords d'un supplice salutaire ; que les larmes de la douleur inondent cette terre sainte où naguère ce bon Henri tomba dans la poussière sur le sein de Médicis.....Aujourd'hui on s'intéresse au ro qui n'est plus, sa mort a répandu la consternation et la douleur dans toute la France ; elle occupera un instant ce peuple frivole *et bon* qui, semblable à des ombres fugitives, ne fait que passer sur le théâtre de la vie, où il joue un rôle secondaire. Louis sera oublié, tous ceux qu'il aimait le suivront de près, et seront oubliés eux-mêmes! La génération présente va disparaître, et ne laissera d'elle qu'un souvenir éphé-

---

(1) Que je couvre sa tombe de fleurs; que j'offre au moins ce tribu à la mémoire d'un père, et que je m'acquitte d'un devoir bien cher à mon cœur.

mère ; le tems détruit tout ! hélas ! ce n'est que sur les bords du tombeau qu'est tracée la ligne entre le vice et la vertu ; c'est là que le méchant est confondu pour jamais, et que commence aussi pour jamais le triomphe de l'homme vertueux !

O monde que Louis vient de quitter (1) ! si tu étais son seul héritage , quel présent Dieu lui aurait fait ! que tes trésors sont fragiles ! de tous ceux que tu possèdes , les amis sont les plus riches ; comme ils s'échappent de vos bras ! aussi le philosophe sensible

---

(2) Depuis le 25 août, jour de Saint-Louis, on avait perdu toute espérance de sauver le roi ; cependant il n'était point alité. Le dimanche 12 septembre, il voulut assister au déjeûner de famille ; l'étiquette veut que le chef en fasse les honneurs ; il ne put remplir cet usage, il rentra dans son intérieur ; on mit le monarque au lit, avec la promesse solennelle que le lundi on entrerait chez lui à cinq heures et demie du matin. On trompa le roi, et son médecin, qui veillait l'auguste malade , ne se présenta au lever qu'à six heures et demie. *Il paraît que l'usage est que le prince n'ait ni montre, ni pendule dans l'intérieur de sa chambre à coucher ; de même, s'il n'est pas revêtu de ses habits , on ne lui donne point le titre de majesté* (on dit le roi). Louis se lève donc , mais bientôt ses genoux fléchissent ; un lit est préparé ; en y entrant, le monarque s'écrie : Je suis très-bien, et bientôt s'assoupit. Le prince a conservé sa connaissance jusqu'au dernier moment, la mémoire seule lui a manqué, au bout de cinq minutes. Il ne pouvait saisir aucune trace de souvenir ! il était très-oppressé ; quand il est mort, toutes ses extrémités étaient froides comme la glace. Son médecin lui tint la main jusqu'au dernier soupir ; alors il dit à l'auguste famille : Le roi est mort. Charles X cherchait à s'abuser sur la perte d'un frère qu'il chérissait ; il embrasse avec respect le corps du roi, et fond en larmes. Monsieur sort de la chambre, et deux minutes après il rentre dans le même appartement ; alors on annonce le roi ; le Dauphin et la Dauphine se jetèrent à ses pieds, et lui baisèrent la main ; après cela, la cour partit pour Saint-Cloud.

laisse au sens le domaine borné du présent ; et donne à son ame l'immense avenir pour espérance !

Le cœur du roi de France est dégagé maintenant de tout ce qui l'attachait à la terre ; s'il a été faible, il a cessé de l'être ; il s'est épuré dans le creuset de l'adversité. Sa prison ne doit plus lui paraître qu'un temple et comme l'entrée du séjour éternel qui lui est réservé.

Aujourd'hui que sa dépouille mortelle repose dans le temple royal de Saint-Denis , les passions des hommes devraient se taire à la vue de ce spectacle imposant et terrible de la mort. La mort du frère de Louis XVI ne ferait-elle que roidir la main qui tremble encore de colère, et ranimer de criminelles espérances ! Loin de moi de sinistres pensées auxquelles je ne puis jamais m'arrêter sans frémir de terreur !

Louis est descendu sur la dernière marche du royal mausolée(1); les ombres de ses illustres aïeux errent autour de cette basilique sainte ; mais leurs cendres insensibles sont aujourd'hui comme une vague dans l'immensité de l'océan ; la porte sépulcrale vient de se refermer sur la tête du fils aîné de l'église; déjà il prend sa place au rang des morts. Louis XVIII n'est plus ! vive le roi Charles X (2) !

---

(1) On place le dernier roi décédé, sur la dernière marche du tombeau des rois.

(2) Pour un tel prince, la terre n'a point de couronne ; le laurier et l'olivier joints ensemble n'en forment pas une assez belle , pour une tête si illustre.

Comme une vigne épuisée embrasse avec amour le jeune ormeau qu'elle rencontre , et se promet de couvrir encore de fleurs nouvelles toutes ses tiges desséchées , ainsi vont finir les regrets de la France ! Elle a versé des larmes, mais l'ange qui veille sur ses destinées , lui envoie un consolateur dans un amant de la gloire ; à peine Charles X est-il assis sur le trône , qu'il essuie les larmes des malheureux, et force la douleur même à sourire. Bientôt les tristes habits de deuil vont se transformer en vêtemens moins funèbres.

Croire à l'éternité de la maison régnante , c'est montrer la raison d'un homme ; croire à la grandeur et à la justice de Charles X, c'est être heureux, c'est mépriser la mort !

L'aurore du beau jour de la France vient de naître ; une nouvelle ère s'ouvre pour les peuples ; l'ère de la franchise et de la bonté commence, et toutes les promesses de Charles X seront accomplies ; mais il faudrait un nouveau Sully pour gouverner les finances.

— Le passé ne peut plus renaître , et l'avenir est embelli des plus riantes couleurs !

Et l'âge présent et la postérité se rediront tour-à-tour que toutes les garanties consacrées par la charte furent scrupuleusement et fidèlement remplies !

Et ce serait un crime d'imposer silence à l'opinion publique, et d'étouffer le cri des opprimés !

Et faudra-t-il , pour que les chances des ministres

soient toujours aussi brillantes , que la nation française soit accablée d'impôts pour en faire les frais ? La haine publique, avant-coureur de la chute, l'inspiration secrète de leur propre conscience , sont des avertissemens assez forts pour les y préparer à l'avance !

Et Charles X ne jetera pas un coup-d'œil sur ces courtisans si bas, si rampans à la cour, si fiers, si arrogans chez eux. De même, il s'écriera : Loin de moi *ces juges sévères qui,* selon le langage du prophète, *rendent les fruits de la justice amers comme l'absinthe* (1); *il chassera les mauvais ministres , car leur vie passe comme l'ombre* (2); *il vient un jour fatal où périssent toutes leurs pensées ; leur mémoire fait un peu de bruit* (3), *et va se perdre dans un silence éternel. Les biens qu'ils ont amassés avec tant de peine fondent et s'échappent de leurs mains avares* (4); *leur gloire sèche comme l'herbe , leurs couronnes se flétrissent et tombent presque d'elles-mêmes* (5).

Et, il est vrai , ce qui sert à la vanité n'est que vanité, et tout ce qui n'a que le monde pour fondement se dissipe et s'évanouit avec le monde !

Et on intrigue à la cour, à la ville, à la campagne, au spectacle, à la bourse, dans les salons; les courtisans sont à l'affut des grâces. Charles X leur dira :

---

(1) Amos. C. C.
(2) *Ps.* 9.
(3) *Ps.* 75.
(4) *Ps.* 89.
(5) Cor. 9.

« Vous abusâtes de vos places, je vais les distribuer
» à des Français qui en sont plus dignes que vous ! »

Et à l'exemple du grand Henri, le monarque en-
couragera l'agriculture ; si un Sully manquait dans les
conseils, le héros d'Andujar en aurait la sagesse ;
alors il dirait aux cultivateurs : Défrichez les champs
incultes, engraissez-les, ranimez la végétation , les
fruits en seront pour vous; le roi ne s'en réserverait
seulement que ce qui pourrait être nécessaire à vos besoins si le jour de calamité venait encore à renaître!

Et vous imiterez bientôt les anciens, qui, pendant
les festins, se couronnaient de fleurs, et répandaient
les parfums, de même vous recouvrerez l'abondance;
mais il faut une sage prévoyance pour empêcher le
renouvellement d'une *famine calculée* ! elle pourrait
peut-être occasioner de grands maux !

Et l'on verra diminuer, sous le *nouveau règne* , cette
armée de commis réunis, qui sans cesse traversent
les campagnes comme des oiseaux de proie, ou qui
assiégent l'entrée des villes comme des loups dévorans.
Le mode d'impôt sera pesé dans une juste balance et
mis en harmonie avec les besoins de l'Etat. Cette di-
minution des charges publiques sera proclamée par
le suffrage unanime de la France !

Et si des fils égarés ont tourné leurs regards vers un
autre hémisphère, peut-être même y cherchaient-ils
un asile contre la vengeance !... D'autres, séduits par
les conseils trompeurs de l'ambition , portèrent les
armes contre leurs frères ! Bientôt vaincus, des ordres

suprêmes leur fermèrent la circulation des mers, et les emprisonnèrent au seuil de leur patrie ; le port où ils espéraient trouver leur salut les repoussa loin d'un rivage qu'ils croyaient hospitalier ! l'Espagne les chassa de son sein. La plupart de ces infortunés gémissaient dans l'horreur des prisons , et leurs yeux semblaient voir se dresser l'instrument du supplice. Charles X vient s'asseoir sur le trône , l'espérance descend au milieu des plus noirs cachots ; les prisonniers attendent un sort plus heureux de sa clémence royale. Un doux transport vient ranimer leur vie si languissante, le moment d'une mort prochaine approchait pour eux, et ils marchaient sans cesse sur le bord d'un abîme ! le généreux monarque l'a refermé, il a fait plus , il leur pardonne. Religion ! voilà ton triomphe ! Religion ! tu es tout sur la terre; s'ils se sont rendus coupables sous le règne de son prédécesseur, c'est à Charles X à perfectionner le grand œuvre de Louis. Ils vont maintenant obéir à leur sauveur ; à sa voix la mort vient de suspendre sa faulx ; ces tigres altérés du sang français , qui ne faisaient entendre que le cri des vengeances , se voient dans la nécessité d'obéir au premier signe de la volonté royale; ils baissent un front timide et respectueux , et se courbent devant ceux mêmes qu'ils avaient condamnés ! ils vivent , et le roi de France jette un regard de pitié sur ces enfans prodigues ; ils vivent ! et il étend pour les sauver sa main puissante; il impose silence aux tribunaux, commande aux geoliers d'ouvrir les portes du

Tartare, et vient mettre un terme aux délations sol-
dées !... Le calomniateur s'éloigne avec respect, re-
nonce à son rôle, et contemple avec attendrissement
et sans colère les traits de ce roi bien-aimé !

Tel, dans un beau jour d'été, l'on voit un essaim
d'abeilles bourdonnantes, s'unissant l'une à l'autre,
se jouer au milieu des airs sans parvenir à fixer leur inconstance ; mais, que l'airain sonore vienne à retentir,
surprises de ces sons, à l'instant elles renoncent à
leurs jeux, elles descendent en foule autour du chêne
couronné de gui ! et forment des guirlandes au milieu
de ses rameaux ; ainsi vont se rattacher au trône de
Charles X tous ces hommes d'opinions différentes, tous
ces guerriers, l'honneur du nom français (1) ; tous ces

---

(1) Le 19 octobre dernier, Charles X, avec Mgr. le Dauphin, ont visité
l'Hôtel royal des Invalides. Ces militaires de tous les règnes ! de tous
les rangs, de toutes les opinions ! en conserveront un éternel et précieux souvenir !

Charles X s'est retrouvé au milieu des fils de la gloire ! de ces nobles
preux, l'honneur du nom Français !

« Aussi cet héritier d'une antique monarchie, après avoir invoqué
» le Dieu de ses pères, s'est avancé vers les rangs de ces braves que
» la guerre a le moins ménagés, demandant à chacun d'eux les par-
» ticularités de sa vie militaire, et les consolant tous avec une bonté
» qui arrachait des larmes au plus grand nombre. Tous étaient vive-
» ment émus ; un d'eux remerciait le roi avec l'accent de son pays. Sa
» Majesté lui dit en riant : Bien !... vous êtes du midise ? Oui, a ré-
» pondu le soldat avec une naïveté énergique, oui, je suis venu du
» midise tout exprès, pour vous autres braves Bourbons. »

Sept officiers invalides ont reçu la croix de Saint-Louis des mains
mêmes de sa Majesté, et dix sous-officiers ou soldats ont été décorés
par elle de la croix de la Légion d'Honneur, et les vieux soldats

écrivains distingués, fatigués du joug d'une *censure inquisitoriale*, censure fragile, périssable, et l'ennemie la plus prononcée de tout gouvernement !

Et Charles X a le noble orgueil de préférer aux frivoles applaudissemens, le suffrage de sa conscience et l'estime de tous les hommes éclairés et vertueux ! Appuyé sur elle et sur la vérité, il attendra le secours du tems, qui doit ne laisser aucun vestige de la révolution passée par les bienfaits de son règne ; il promet l'âge d'or ! Ministres de Charles X , voulez-vous sauver la France, *vous sauver vous-mêmes ?* rendez le peuple heureux , et cela sans feintise !

France ! France ! voilà ton mot de ralliement, le nom sacré de la patrie! il vole dans toutes les bouches, il embrase tous les cœurs, sans lui tout serait perdu ! qui pourrait jamais consoler de longues infortunes , ses malheureux habitans ? Charles X va sécher bien des larmes ! il est appelé par la Providence pour réparer de criantes injustices, pour faire oublier de grands maux ! ce prince excite dans l'esprit de ses enfans des idées de bienfaisance, de gratitude et d'amour; en même tems que celles de pouvoir, de grandeur et de félicité ! Aussi le Français sous son règne redeviendra le plus grand et le plus heureux peuple de l'univers!!!

---

baisaient avec transport la main du roi, de cette main glorieuse qui raya la *censure*, et signa la grâce de tant de malheureux. On s'est cru réellement transporté au tems d'Henri IV ; et, pour compléter l'illusion, le lendemain les Invalides ont mis la poule au pot.

Et entendez-vous ici les foudres des vaisseaux ton-
ner sur le vaste océan ; c'est la voix de la France qui
se fait entrendre , et qui va dicter des loix à l'univers
entier !

Et quelle pompe et quelle splendeur éclatent sur
cet arc triomphal, où Charles X et son auguste fils
doivent, réunir les potentats de l'Europe ! l'œil qui
embrasse son immense étendue , s'étonne de découvrir
en même tems la moitié de la voûte des cieux !

Eh bien ! voulez-vous connaître quelque chose de
plus grand encore? écoutez.... c'est un soupir de *Charles X* en faveur des vétérans de la gloire (1)! la grandeur de son ame est la seule véritable. Le tems qui
détruit toutes les autres, la conserve et la couronne !

Et si l'adversité ne pouvait vous garantir des ambitieux et des ambitions toujours si fatales! le monarque bien-aimé pourrait épuiser de nouveau toutes
les ressources de sa bonté envers eux ! et ne les aban-
donnerait à la fin, que comme des malades sans res-
source ! Si vous ne pouvez perdre le souvenir de vos
malheurs passés , éloignez du moins les images trop
douloureuses ! Restez toujours Français au milieu de
tous les changemens politiques !!! soyez bien convaincus que le ciel ne place jamais un prince sur le
trône, après une grande révolution, qu'après lui avoir

______

(1) On connaît l'admirable réponse de Charles X , au général Excel-
mans: Monsieur , j'ai oublié le passé , et ne veux me rappeler uniquement que vous reçûtes des ordres contre moi dans un moment de
terreur, et que vous ne les avez pas exécutés !

appris à l'école du malheur l'art de gouverner les peuples ! et le plus grand est de savoir les rendre heureux !!! et pour que l'antique splendeur que doit recouvrer l'empire des lis (1) soit immuable, il faudrait,

---

(1) Il est dit au Livre des Rois de France, qu'il sera un Prince de la lignée de Charles de France, et aura nom P. ou C. P., lequel fera chose merveilleuse en Europe ; il réformera l'Église et les clercs, et, après lui, nul n'impétrera plus.

Présages et révélations de Sainte Brigide dessus la similitude du Lys croissant au champ occidental.

Elle dit au livre de ses révélations : « Il sortira un lys du champ occidental, lequel se multipliera en mille milliers, et recouvrera en la terre de la Vierge les choses perdues. De son odeur il chassera les bêtes venimeuses, et sera plus fort que le cèdre. O jeune ! qui demeures dans la terre du lys, escris dedans la table de ton cœur (laquelle jusqu'à cette heure a été blanche), ce qui convient aux Rois, *c'est clémence !* Corrige ta conscience, et considère si tu es bon ou mauvais. Il est dit du Seigneur du lys : *La grande aigle sera accompagnée avec la fleur de lys, et se montrera d'orient en occident à l'encontre du lion ; le lion n'aura point d'aide, mais sera délaissé du lys, et aura bonne odeur en Allemagne, et son honneur très-grand volera dessus l'aigle !*

» O France ! terre noble qui porte telle fleur, laquelle fera verdoyer par ton odeur *un arbre lequel dès long-tems est desséché.* Cestui lys enflammera d'amour l'aigle orientale qui volera en-haut avec ses deux ailes. C'est le lys de bonne odeur. Les abeilles des infidèles succeront le miel d'affliction et de désir : les rebelles succeront le venin des lamentations au champ virginal, *et le lys demeurera entier avec ses petites couronnes ; les filles d'Allemagne, qui sont sous le Scorpion, aimeront le lys, et désireront de s'en parer aux jours de festes ; et quand elles ne l'auront plus, elles seront tristes et pleureront !* O jeune ! qui résides en la terre du lys, regarde qu'on ne dise : *Malheur sur la terre en laquelle le Roi est enfant.*

» Le lys noble est vivifié, augmenté et gouverné, et, comme de fondement, paroys, et toict, ton royaume est comme matériellement parfaict. Et saches cecy, *qu'en tes jours viendront des temps dange-*

ô Français ! que de l'année 1825 à celle de 1828, *voire* même au plus a 1832 , que l'infortune sous toutes les

---

reux , lesquels ne furent jamais paravant pires que dessous la Pu-celle : car tes propres subjets s'esleveront à l'encontre de toi , afin qu'ils puissent dissiper les feuilles du lys : et le lys séchera au champ de la Vierge , et ainsi celui qui sera déloyal sera destruit, etc.

» Le ferme roi de Hongrie sera disposé moyennement : mais il souf-frira rétrogradation , etc.

» O noble (C.) P ! ne perds point la fortune qui t'a été donnée des corps célestes. Tu ensuivras les familiers qui sont contraires à toi ; tu esmouveras le recteur de la fleur du lys ; tu provoqueras l'aigle dormant : tu feras eslever le lyon sauvage à l'encontre de l'Église : tu es au plus haut degré de ton échelle : tu as prins un regard aimable : tu as reçus honneur des petits lionceaux, et les as rendus gracieux. Regarde ce qui est dit : *Celui qui s'estime estre ferme, doit regarder qu'il ne chée.* Combien de lys croistront dedans tes champs ? Tes sujets , par cette éclipse , seront opprimés par tes ennemis, qui ont haine envers toi. Les autres auront à souffrir des familiers désirant de dominer. Semblablement ladicte éclipse nuira aux gouverneurs de tes cités et petites villes, et seront en divers dangers. Elle ostera aucuns de leurs honneurs et dignités : aux autres elle fera oppression par sédition populaire : tellement qu'aucuns d'iceux seront tués , et on ne pourra trouver les homicides qui les auront mis à mort. Et pour dire en somme , ladicte éclipse menace tous les princes qui habitent en la terre de Baiorique, de grandes calamités et d'infortunes mortelles. Tu pou-rais triompher d'icelles ! ! !

» O Prince ! qui porte le lion de liberté sur ta tête, considère la clémence que doit avoir un Prince. Il sera donné à toi et à tes lionceaux qui habitent aux montagnes des enseignes d'honneur : et toi ou un de ton sang sera Duc des chevaliers et des gens de pied , tant dessus la mer que sur la terre , et auras la puissance de la vie et de la mort. Les cités et châteaux craindront toujours ton avénement. Et si l'éclipse ne t'étoit contraire, toute félicité t'adviendroit par succession de temps : mais il y a danger qu'elle ne te mène à la mort infortunée, si tu ne veille prudemment ; car le lion de montagne souffrira de l'aigle diverses vexations , etc. , etc.

» Il viendra quelqu'un de ton sang qui sera en règne plus grand que

formes fût sacrée pour vous ! que les rêves enchanteurs de l'espérance pussent remplacer les sombres nuages du malheur ! de même, l'iniquité, après avoir frappé l'innocence, doit venir retomber de tout son poids sur la tête de ses coupables provocateurs !

Et pourtant il est bien rare de trouver en harmonie la puissance et la vertu ; vous trouvez l'une et l'autre réunies dans Charles X !

Et malheur à ceux qui prétendraient établir des

---

toi. La rondeur du ciel te produira, ta confédération sera rompue, et la foi d'icelle sera perdue. L'aigle suscitera à l'encontre de toi des bêtes du Rhin, et tes prochains s'éleveront contre toi, et les petits lionceaux s'enfuyront et seront tristes; mais après ils souffriront éclipse, vexations et humiliations pour long-temps.

» Il est dit en Daniel, 2ᵉ chap., qu'après la vision du Roi, Daniel répondit : Il est ainsi que tu as veu l'une partie des pieds de terre seiche, et l'autre de fer. Tout ainsi que le fer ne peut estre meslé avec la terre, ainsi dessous l'empire Romain seront discordes diverses entre les Catholiques et les Turcs infidèles. Une partie sera confirmée sous les murs de Constantinople, et l'autre sera cassée : c'est à savoir l'empire des Trapeusonciens. . . . . et quand cette malice sera passée, et que les Turcs seront extirpés, on verra les hommes passer la mer en grande compagnie, et l'église de Sainte-Sophie sera en valeur, et viendra toute félicité. Le lion sauvage sera amené à la mère-église chrestienne avec un lac de soie, et sera faicte nouvelle réformation qui durera long-tems, et le nom de l'empereur des Turcs ne sera plus ouy entre les Catholiques : et si d'aventure les Princes d'Allemagne ne consentent point avec l'aigle, viendront des batailles capitales et civiles, et viendra l'héritier de Doglosius, lequel destruira Polongne, Misie, Turinge, Hasse, Prutenne ; et entrera en Picardie et Brabant, eu Flandres ; et sera tué auprès de la Pomme d'Or, vers Agrippine. Après chantera le coq et en sera faicte bonne restauration.

loix d'iniquités sous son règne, provoquer des ordonnances injustes pour opprimer les malheureux sans jugemens, et pour accabler l'innocence des faibles du peuple par la violence! (Isaïe X, 1, 2.)

Et le tourbillon du Seigneur, sa fureur impétueuse, sa tempête, vont fondre sur les pervers; le Seigneur ne détournera point sa colère et son indignation, jusqu'à ce qu'il ait accomplit tous les desseins de son cœur! (Jér. XXX, 23.)

Et ne remontez point vers le passé! si vous vous rejetez vers lui, vous rentrerez dans toutes ces routes difficiles, dans tous ces troubles qui agitent vos voisins, et qui finiraient par vous agiter vous-même! *l'exemple* donné par *Massaniello* est à craindre pour tous!

Et si la partie militaire est perfectionnée en France, la partie politique a besoin des lumières de son Roi, et du concours des deux Chambres. Or, les moindres secousses portées aux bases de l'édifice social, vous rejeteraient bientôt sur une mer orageuse, votre naufrage serait inévitable, et l'étranger viendrait dicter ses lois!

Et le divin législateur s'inclinait devant la loi, en disant : « Rendez à *César*, ce qui appartient à *César!* » de même, un pieux Lévite ne doit pas avoir l'orgueil de se placer plus haut que lui? et quel Prince pourrait fléchir devant ce joug honteux!

Et un tems viendra, ce tems ne me paraît pas éloigné! où l'on rappellera aux ministres des autels que, la tolérance, la douce et *nécessaire* tolérance! était la vertu privilégiée du *Christ*. Ce divin maître la prêchait, *la pratiquait*, et son exemple sublime devrait être suivi religieusement par ceux-là mêmes qui se croient des élus (1)!

Et dans le cas où quelques-uns d'entr'eux tenteraient de s'écarter de ces immortels préceptes! ce serait à l'autorité séculière et ecclésiastique de venir les rappeler aux devoirs que leur prescrit l'évangile! *Celui qui vit de l'autel, doit honorer l'autel!* et rechercher, avec une pieuse onction, les brebis égarées, pour les ramener au bercail du pasteur! Mais le prêtre surpasserait ses pouvoirs, s'il prétendait s'arroger le droit de juger les consciences! bien plus, si l'Éternel permet à la mort de diriger ses coups sur *un pauvre pécheur! un moment, un seul moment suffit pour le réconcilier avec un père miséri-*

---

(1) Il est contenu au livre de Saint-Cyrille: « que devant que l'é
» glise soit renouvellée, Dieu permettra que la dignité papale vaquera,
» et alors seront diverses divisions en l'église, desquelles sera causé
» par l'Empereur Allemand; lequel se confiant de sa puissance vouldra
» constituer un pape. Alors les Romains et autres Italiens, s'efforceront
» de resister à la puissance de l'aigle, laquelle se courroucera, et pour
» ce, fera une grande armée, non seulement d'Allemands, mais eslira
» les pires gens d'armes, qu'il pourra trouver d'autres nations, et en
» trera dedans Rome, en grande puissance, et mettra en captivité les
» prélats et religieux, et fera mourir aucuns d'eulx par divers tour
» mens, et plusieurs s'enfuyeront par les boys et montagnes : *et après*
» *que les maulvaises racines et espines seront arrachées*, viendra un
» homme Saint, lequel appaisera l'aigle, et *mettra* bon ordre en
» l'église ! »

cordieux, prêt à lui pardonner! La contrition, et non l'attrition, ont pu ouvrir à Ch*****, Ro*****, Ph******! les portes des demeures éternelles. Les anges envoyés du Très-Haut sont venus les recevoir, tandis que leurs dépouilles mortelles ont pu rester souvent exposées aux haines et au mépris, et privées des secours spirituels! *facit indignatio versum* (1).

O ministres du Saint des saints, imitez la conduite touchante de ce François de Sales, visitant à pied le Chablais! de ce doux Fénélon, pardonnant à Bossuet! de ce Loys, priant pour ses bourreaux! En vous retraçant d'aussi grands modèles, c'est vous dire de les

---

(1) La moderne Lecouvreur n'est plus : pleurez, Melpomène et Thalie, *votre cour est en deuil*. L'inimitable Médée possédait uu talent réel (non comme la perfide épouse de Jason). Mademoiselle Raucour pouvait paraître armée de sa baguette magique; elle était toujours certaine d'enlever tous les suffrages. Mais hélas! cette actrice célèbre vient de nous être ravie au moment où elle allait recueillir les fruits de sa haute réputation. Sa bienfaisance, son honorable et constante opinion, les fers glorieux qu'elle porta sous le règne de la terreur, pour la plus belle et la plus noble des causes; tout lui avait conquis l'estime publique. Qui pouvait croire qu'au terme fatal de son grand voyage, *mademoiselle Raucour ai pu voir du haut de l'empyrée, un moment la terre refuser les honneurs de la sépulture à ses malheureux restes!* Devant l'Eternel cette actrice célèbre sera jugée selon ses œuvres ; mais un ministre du Tout-Puissant, et rempli de la dignité de son état, doit se contenter de prier pour les pauvres pécheurs, etc.

Le jour même, où les restes mortels de mademoiselle Raucour furent présentés et refusés à Saint-Roch, je consignai cet article utile dans mes *Souvenirs prophétiques*, imprimés à Paris, en novembre 1814. La dernière feuille était encore sous presse le 15 janvier 1815, j'ajoutai sur-le-champ page 577, l'éloge de mademoiselle Raucour. (Ce livre parut le 17.) Je formais des vœux sincères *pour voir s'adoucir les*

imiter ! *Cultivez donc la vigne du Seigneur, mais ne l'arrachez pas !* Clergé ! écoutez-moi, je vous parle dans *votre propre intérêt ?* je vous parle dans l'intérêt des peuples ! je vous parle dans l'intérêt des Rois ! marchez franchement et sans *feintise*, comme le disait le *Béarnais !* Alors vous suivrez les traces et vous pratiquerez la morale sublime de celui qui pardonne à la femme adultère ! Clergé ! je vous le répète : Salomon, le plus sage des monarques d'Israël, consacra sept ans à élever un temple magnifique à la gloire du nom de Jehovah ! Il en célébra la dédicace par une fête de huit jours ; il offrit mille hosties pacifiques !

---

rigueurs de Saint-Roch ! Aujourd'hui je viens humblement, et dans l'amertume de mon ame, les renouveler auprès de Saint-Laurent ! Puissent ces bienheureux daigner jeter un regard protecteur sur la terre ! puissent-ils, dans leur haute sagesse, sentir le besoin de rappeler aux princes de l'église : que Rome tolère, ce qu'ils viennent condamner ! ! ! Qu'une étincelle mal dirigée peut allumer un incendie ! *Henri VIII veut répudier son épouse pour s'unir avec sa maîtresse ; le pape s'y oppose, et l'Angleterre adopte la réformation ! Un panier de figues renversé (tout-à-coup) par un commis en présence du propriétaire qui se refusait d'en acquitter les droits, exalte l'imagination d'un homme du peuple qui se trouvait présent ! cet homme, secondé par la populace, s'empare des receveurs des droits, renverse les barrières, menace le vice-roi dans son palais, et Naples est au moment de se voir gouvernée par un pauvre pêcheur ! ! ! Une paire de gants refusée par la reine Anne, à la duchesse de Marlboroug, sa favorite, prive à jamais les Stuarts de remonter sur le trône ! Non, rien ne peut, ni ne doit être dédaigné en politique. La multitude a ses augures ! et revient très-difficilement sur ses premières impressions, surtout une fois qu'elle les a adoptées ! ! ! Écoutez ici la voix du prophète :* « Hélas ! hélas ! dit Isaïe, où sont tes sages ? qui » t'annoncent maintenant quelles choses le Seigneur des armées à dé-» crétées contre toi ! ! ! »

De même, confesseurs de la foi, devenez pour la terre des anges *pacificateurs !* soyez les intermédiaires entre Dieu et les hommes ! vos cantiques sont un perpétuel encens qui réjouit l'Éternel ! n'oubliez pas que le Créateur rejette la prière *des sépulcres blanchis!!!* pour accueillir celle du prêtre tolérant, consolateur des affligés !.... « *Humbles, réjouissez-vous ; pau-* » *vres, soyez transportés de joie, parce que le* » *royaume du ciel est à vous, si cependant vous* » *marchez dans le sentier des vertus* (1). »

Et quel vaisseau qui a de longues mers à parcourir, à travers mille et mille écueils, arrive enfin dans le port sans avoir essuyé des tempêtes ? Quels intrépides pilotes se sont découragés, pour avoir été long-tems les jouets des vagues et des vents ? Ce vaisseau c'est la France : ces pilotes ce sont les Chambres ! les Requins qui suivent pour le dévorer sont les mauvais ministres, qui égarent les rois, pour engloutir les richesses des peuples !

Et toi Paris, cité célèbre, métropole de l'univers, rappelle-toi sans cesse ces paroles prophétiques ! « *Un jour un père dira à son fils : Paris était là!* » Français, bons et loyaux Français, vous ressemblez à des vainqueurs qui descendent dans une île, s'en emparent, et brûlent leurs navires ! *prévoyance !* *prévoyance !* alors vous échapperez à de nouveaux périls, en conservant au milieu de vous la concorde

______

(1) Luc, v. J. 20.

et la paix !!! Louis, en mourant, a légué à Charles X le dépôt de l'arche-d'alliance et le faisceau qui vous unit à jamais. Charles fait exécuter la charte, la raison *diplomatique* triomphera sur les indiscrétions d'une police ministérielle ! et l'homme d'état menacé, conjurera l'orage (*sept fois*) sept fois par son silence !

Et en réfléchissant sur ce *tout unique*, on peut comprendre et expliquer ces énigmes !!!

Et ainsi arriveront encore bien des choses d'*Orient* en *Occident*. Il se passera non loin des bords du Tage, un événement extraordinaire ! Les troubles des *Espagnes* seraient-ils apaisés ! Non !!! *Saturne* n'a pas frappé tous ses coups ! Des alliances sembleraient réunir deux branches divisées ! Puisse l'arbre de *Jessé* voir refleurir ses rameaux !!! et cela d'âge en âge ! ! ! un rejeton royal serait-il menacé ! *Manibus date lilia plenis* (1) !!!

Et de grands et mémorables événemens pourront étonner l'Europe ! *L'étoile d'Orient* est en bon aspect pour la *Pologne* et la *Grèce ! Voire* même sur *Bysance !* Elle scintillera sur l'*Inde !* La clé de la Méditerannée serait-elle enlevée par l'*Aigle ! ! !* Evénement mémorable en *Prusse !* la *Germanie* se promet merveille ! la *Suède* veut faire parler d'elle ! *Belgique !* O Belgique ! craint le réveil du lion ! Rome superbe, serais-tu humiliée ! ô France, heureuse France ! tu pourras se-

---

(1) Accourez le couvrir de touffes de lys.

Virg.

courir tes voisins! ton avenir est brillant d'espérances! *Charles X* surpassera tout ce que tu peux attendre! il possède la clémence d'*Auguste* et les vertus de *Marc-Aurele !* Un enfant du miracle ne serait-il point un nouveau *Daniel!* Écoutez! Écoutez! *trois congrès pour un ! Lutèce ! ô Lutèce !* tu posséderas dans tes murs les plus heureux du siècle! le seront-ils toujours? *Saturne* en mauvais aspect promet de frapper des grands!!! et même l'un des *Atlas* en politique pourrait, avant *sept fois sept fois,* s'écrier au milieu des siens, où dans les angoises d'un exil douloureux !

Dies mei sicut umbra declinaverunt , et ego sicut fœnum arui: tu autem, Domine, in æternum permanes (1).

Et le chasseur noir de la forêt de Fontainebleau viendrait-il sonner du cor non loin de *Valançay !* Là doit se retrouver le parfum miraculeux!!! *Trois coqs* se diviseraient-ils à la fin pour une poule!!! Auquel appartiendrait le droit de la défendre !!! Paix!!! Paix!!! Paix!!!

. . . .

. . . .

. . . .

Et fais ce que dois , advienne que pourra !!!

---

(1) Mes jours se sont évanouis comme l'ombre, et moi j'ai séché comme l'herbe; mais vous, Seigneur, vous vivrez éternellement.

FIN.

www.ingramcontent.com/pod-product-compliance
Lightning Source LLC
Chambersburg PA
CBHW051237030726
47595CB00003B/966